들려주고 싶은 아빠의 樂서장

세상을 보는
# 작은 눈
# 그리고 큰 눈

들려주고 싶은 아빠의 冊서장
# 세상을 보는 작은 눈 그리고 큰 눈

**초판 1쇄 발행** 2017년 9월 15일

**지은이** 김상수
**그림** 홍인표
**펴낸이** 장길수
**펴낸곳** 지식과감성#
**출판등록** 제2012-000081호

**디자인** 이다래
**편집** 최예슬
**교정** 정혜나
**마케팅** 고은빛, 윤석영

**주소** 서울시 금천구 가산동 60-5 갑을그레이트밸리 B동 507호
**전화** 070-4651-3730~4
**팩스** 070-4325-7006
**이메일** ksbookup@naver.com
**홈페이지** www.knsbookup.com

ISBN 979-11-5961-821-5(03810)
값 14,000원

ⓒ 김상수 2017 Printed in Korea

잘못된 책은 구입하신 곳에서 바꾸어 드립니다.
이 책의 전부 또는 일부 내용을 재사용하려면 사전에 저작권자와 펴낸곳의 동의를 받아야 합니다.

이 도서의 국립중앙도서관 출판예정도서목록(CIP)은 서지정보유통지원시스템
홈페이지(http://seoji.nl.go.kr)와 국가자료공동목록시스템(http://www.nl.go.kr/kolisnet)에서
이용하실 수 있습니다. (CIP제어번호: CIP2017023761)

홈페이지 바로가기

들려주고 싶은 아빠의 책서장

# 세상을 보는
# 작은 눈
# 그리고 큰 눈

| 김상수 지음 • 홍인표 그림 |

**자연 · 경제 · 계절 · 동물 · 예절 · 인성 · 시사 · 교육편**

이 글을 읽는 학생들이 직접적 이해를 하는 것보다
다양한 생각을 하거나 뜻밖의 판단을 하는 데
조그만 도움이 되길 빌어본다

지식과감정

## CONTENTS

- 글을 시작하며 18

# 자연(自然)편 21

- 직선보다 곡선이 더 아름다운 이유 22
- 이유는 있지만~ 23
- 별은 돌기 때문에 둥근 거야 24
- 파란 별이 붉은 별보다 10배는 더 뜨거워~ 25
- 목표는 만들어 가는 거야 26
- 사람들과 친해져야 하는 이유 27
- 중력(重力)과 같은 친구를 사귀자 28
- 대기는 찬 공기와 더운 공기를 만나야 비를 뿌려 29
- 원만한 것은 오래된 것을 의미한다 30
- 모르면 쓸모없는 것이 되나 봐~ 31
- 내버려 둔다고 나빠지지는 않아 32
- 나무는 커지는데 사람은 커지지 않는다 33
- 보기에 따라 세상은 달라 보여 34

# 경제(經濟)편 35

- 나눗셈과 곱셈은 친구 36
- 호황(好況)은 불황(不況)의 어머니 37
- 인생의 사막을 만들지 말자 (보험이 필요한 이유1) 38
- 불황(不況)의 시대가 좋은 사람들 41
- 보험의 의미 (보험이 필요한 이유2) 42
- 감이 대추보다 비싼 이유 43
- 보험(保險)이란? (보험이 필요한 이유3) 44

- 여럿이 살다 보면 반드시 가난한 사람이 발생해 46
- 마을버스가 고속도로를 가지 못하는 이유 (보험이 필요한 이유4) 47
- 돈! 나의 주인인가, 하인인가? 48
- 번지점프 (보험이 필요한 이유5) 49
- 관심을 두면 내 것이 돼 51
- 꿀이 평생 상하지 않는 이유 (보험이 필요한 이유6) 52
- 돈 버는 생각은 돈나무의 씨앗 54
- 자신의 가치 (보험이 필요한 이유7) 55
- 프로페셔널과 아마추어의 차이 58
- 죽을 준비를 해야 하는 이유 (보험이 필요한 이유8) 59
- 복권이 주는 매력1 61
- 복권이 주는 매력2 62
- 돈 없이 보험(保險)에 가입하는 방법 63
- 돈을 한 방에 버는 방법 64
- 사색가(思索家)와 무법자(無法者)가 많아지면 불경기? 65
- 부자(富者)와 빈자(貧者) 66
- 아스팔트를 걷어내지 않으면 물이 계속 부족해 68
- 직불(현금)카드가 신용카드보다 좋은 점 69
- 돈은 내 돈과 네 돈만 있어 71
- 소비와 소득 72
- 쌀을 가장 크게 만드는 방법 74
- 바닷물이 증발할 때 소금기는 없앤다 75
- 고용을 창출하는 나쁜 방법 : 나눠 먹는 것이 나쁜 이유 76
- 부자라고 대하(大蝦)로 새우젓을 담가 먹지 않는다 78
- 동상이 가장 먼저 걸리는 부분 79
- 1루는 절대로 훔칠 수 없다 81
- 경제란? 84
- 선물의 유래에 대한 생각 86

## 계절(季節)편 91

- 대기만성(大器晚成)의 깊은 뜻은? 92
- 하이라이트는 다른 것을 못 보게 해 93
- 낮은 곳의 물이 높은 곳의 물보다 힘을 발휘한다 94
- 먼저 하면 힘들지만 가치가 있는 법 95
- 서열이 없으면 싸움, 생기면 평화 96
- 계절을 맞이하는 자세 97
- 기념일을 없애면 더 뜻깊을 거야 98
- 햇빛은 활기를 불러와 99
- 바람은 활기를 얻었기에 움직이는 거야~ 100
- 주인공은 언제나 나중에 나타나~ 101
- 겉모양에 치중하면 속을 채울 수 없어~ 102
- 말보다 본색을 알아내야 해 103
- 높이 날려면 힘이 있어야 돼 104
- 휴식은 또 다른 집중의 시작~ 105
- 음식은 계절과 궁합이 맞아야~ 106
- 채우는 사람보다는 넘쳐나는 사람이 되어야 107
- 두 개를 다 가질 수는 없어 108
- 눈이 오면 땅은 오히려 따뜻해진다 109

## 동물(動物)편 111

- 맛보면 욕심이 생겨 112
- 사자는 사냥감을 잡아 다 먹어 치우지 않는다 113
- 큰일만 해서는 안 돼 115
- 길들여졌다는 것은 야성을 잃었다는 뜻 116
- 개미는 죽을 때 반드시 오른쪽으로 쓰러진다?! 117
- 비교하는 순간 불행해진다 118

- 가장 중요한 것을 버리면 안 돼 119
- 나무늘보는 잡아 먹히지 않는 법이다 120
- 바퀴벌레는 죽을 때 꼭 뒤집어져서 죽는다 121
- 신체 중에 가장 나쁜 것, 그리고 가장 아름다운 것 122
- 사람의 허파는 오른쪽보다 왼쪽이 더 무겁다 123
- 동물의 세계엔 경찰이 없다 124
- 팔방미인이 살아가기 힘든 이유 125
- 수컷과 암컷의 본능 126
- 독수리는 걸을 때보다 날 때가 더 멋있는 법이다 127
- 파리를 전자레인지에 넣고 돌려도 파리는 죽지 않는다 128

## 예절(禮節)편 131

- 모두가 편한 게 좋아? 나만 편한 게 좋아? 132
- 이기주의자는 청개구리 133
- 아무리 경청(傾聽)해도 실천하지 않으면 무용지물(無用之物) 134
- 급히 더운 방이 쉬 식는 법 135
- 인사는 먼저 본 사람이 하는 것 136
- 아카시 나무 137
- 개미는 앞의 개미가 간 길만 따라간다 139
- 원리원칙은 다소 잔인하나 지켜야 한다 140
- 한 번뿐이라고 봐 줄 수는 없다 141
- 정을 너무 많이 쏟으면 예의가 없어진다 "Too 情" 142
- 어르신이 많아야 하는 사회 143
- 배고프면 예의가 없어지는 법이다 144
- 몸이 부자가 되는 데 시간은 얼마 걸리지 않으나
  의식은 엄청난 시간의 흐름 없이 바뀌지 않는다 145
- 자신감은 신념으로 무장해야 성공을 낳는다 147
- 조마조마, 좁아좁아, 조바심 148

- 칭찬을 부르는 행동, 칭찬만 들으려는 귀 149
- 사랑은 자신감으로 시작되고 자존심으로 끝난다 150
- 서슬 퍼런 칼보다 무서운 것, 눈칼 151
- 손을 씻다 152
- 사소한 불신은 소리 없는 자객 155
- 버릇은 고치기 어렵고 예의는 가르칠 수 있다 156
- 수치심이 없는 사람과 친구 하지 마 157
- 지식은 자동차, 경험은 윤활유 158
- 내가 간직한 자(尺)를 작은 것으로 교체하면 미움이 사라진다 159
- 배려문화(配慮文化)는 멋진 어른을 만든다 160
- 약속취소의 의미를 모르고 한 분에게 드리는 글 161
- 우리나라 횡단보도는 다 $x$, X자 형태 164
- 세뇌하면 거짓말도 진실이 된다 165
- "ㄹ" 탈락 현상 파렴치 : "理을 탈락 현상" 166
- 눈치는 눈에 자를 대고 보는 것 167
- 화장실을 들어갈 때 손을 씻어야 하나? 나올 때 씻어야 하나? 168
- 체면에도 중용이 필요해 170
- 깨끗하게 볼일 보는 법이 인생을 사는 방법이다 171
- 시작한다고 다 좋은 건 아니야 172
- 시시비비(是是非非)를 가릴 줄 모르는 사람이 나쁜 사람 173
- 따뜻한 시선, 무서운 시선 174
- 맛없는 많은 사과(赦過)는 맛있는 참외(懺悔)만 못 하다 175
- 찌개문화 176
- 욕을 많이 하면 자신감이 없다는 소리고 말을 많이 하면 불안하다는 뜻이다 177
- 말은 골프와 같은 것
  신경 쓰지 않으면 바로 말 못 하는 사람으로 전락돼 178
- 편법과 새치기는 부메랑 179
- 누구나 낼 수 있는 화(火), 누구도 받아줄 수 없는 후회(後悔) 180
- 두 줄 타기와 한 줄 타기는 죄가 없다 181
- 죄를 벌하는 방법은 교묘해야 한다 183

- 숨길 수 없는 것들 184
- 존경받는 사람은 돈으로 평가되지 않아 187
- 집에는 간판이 없어 그런 건 상점에나 있는 거야 188
- 힘들 때는 더 열심히 해야 돼 189
- 배우지 않고 가르칠 수 없다 190
- 먼저 생긴 것이 첫째 191
- 손가락 예찬 193
- 그리운 사람은 새기지 말자 196

# 인성(人性)편 199

- 국도 같은 사람, 고속도로 같은 사람 200
- 조연(助演)은 돋보기 201
- 시간은 게으름뱅이에게 시련을 준다 202
- 시간을 길게 만드는 사람들 203
- 알아줘야 비로소 의미를 갖게 되는 법이다 204
- 초조는 불안, 설렘은 기대 205
- 문제의 해답은 언제나 반대편에 있다 206
- 남을 조금 더 알아주면 행복해져 207
- 그런 비 208
- 고집과 주관은 일란성 쌍둥이 210
- 괴팍(乖愎)은 안 되고 강팍(剛愎)은 되고 211
- 험담하면 힘없는 사람이란 증거 212
- 원만하기만 하면 웬만한 것으로 전락한다 213
- 선수는 판정하지 않는다 214
- 끝나고 나면 아무것도 아닌 것을~ 215
- 거울은 자신을 닦아야만 사물을 비출 수 있어 216
- 형식(形式)이 형, 마음 217

- 전화위복(轉禍爲福)을 빌어 줘야지 자신의 전화위복(前火謂福)을 빌지 말자 218
- 친구는 그림자 같은 존재 220
- 눈은 죄가 없다 눈빛이 죄가 있을 뿐 221
- 위인이라고 100% 다 훌륭하지는 않아 222
- 언제나 자기와 경쟁해야~ 223
- 기분 내면 지는 거다 224
- 폼만 내면 피곤해 져 225
- 기준을 높여 놓으면 지금 하는 일은 아무것도 아니야~ 226
- 못과 바늘 227
- 몸보다는 생각이 근면해야~ 229
- 소통의 바닥에는 언제나 이성이 있어야~ 230
- 인생, 시작만 있고 끝이 없는 경기 231
- 하기 싫은 일을 하는 사람이 성공하는 사람 232
- 같이 가는 친구, 가치관(價値觀) 233
- 질투는 사랑의 다른 말, 시기는 미움의 다른 말 234
- 의(義)로운 사람인가 이(利)로운 사람인가 235
- 일도 사랑도 만나야 이뤄진다 236
- 먼저 기대하지 말고 노력해라 237
- 이성 잃은 융통성은 원칙을 뭉갠다 240
- 입은 먹는 기능과 말하는 기능을 가졌다 241
- 시켜야 하는 사람, 알아서 하는 사람 242
- 사랑은 미움의 겉면 243
- 나에게 돌아오는 행동은 나의 메아리 244
- 김칫국부터 마시는 건 입이 아닌 눈 245
- 눈은 마음의 메신저 246
- 이성의 어린 시절은 감성 247
- 두 눈으로는 양쪽을 볼 수 없다 248
- 마음은 언제나 두 갈래 249
- 부럽다면 얻으려고 노력해 봐 250
- 머릿속의 약속은 공허한 메아리, 밖으로 나와야 진정한 약속 251

- 이(2)성보다는 열(10)정으로  252
- 성공하는 사람 실패하는 사람  253
- 결혼도 다른 부족 간에 해야 하는 이유가 있는 거야  254
- 권세와 지위가 신사를 만든다  255
- 화는 반드시 스트레스 해소로 풀어야  256
- 가까운 곳만 보면 나중에 먼 곳을 못 봐  257
- 큰 그릇은 작은 물건도 담아낼 수 있지  258
- 성공은 실수를 줄여가는 것  259
- 역사를 통해 알 수 있는 것은 절대 포기하지 말라는 것이다  260
- 담배 이야기 : 담배를 언제부터 배웠나?  261
- 시키는 대로 살면 로봇  263
- 공감시키지 않으면 힘들어  264
- 자신감은 자기를 믿는 것  265
- 걱정은 쓸데없는 고민  266
- 나와 뜻이 조금 달라도 친구  267
- 경망스러운 사람에게도 무거운 것이 있다. 행동  268
- 알면서 져주는 것은 이기는 것과 같다  269
- 최선은 포기한 사람의 상용어(常用語)이자 관용어(慣用語)  270
- 보리보다 쌀이 비싼 이유  271
- 얻는 것과 잃는 것  272
- 나이를 먹어도 어린 사람들  273
- 자신감의 축적은 나비효과  274
- 강한 것은 강한 대로 약한 것은 약한 대로 써야~  275
- 부럽다고 자기를 버리지는 마라~  276
- 나보다 훌륭한 사람과 사귀어야~  277
- 음식과 사람  278
- 표시하지 않아도 모두가 알아주면 돼  280
- 말이 많은 건 못났다는 방증  281
- 잘 안 돼도 해 보는 것  282
- 화풀이도 화를 다스리는 수단  283

- 옷을 입는 이유 284
- 입으로 땀을 흘리는 사람들 285
- 생각하지 마라 생각이 너를 지배할 테니까 286
- 목표를 달성하면 뒤를 돌아보지 말고 또다시 앞을 봐라 287
- 말할 때와 들어야 할 때 288
- 훌륭한 사람은 과정을 견디는 사람 289
- 돌아보면 알게 되는 것 290
- 선풍기는 가운데가 가장 시원해 291
- 돋보이게 하려면 주변을 어둡게 하라 292
- 불같은 성격은 자기 몸을 태운다 293
- 꾸준함이 이기는 이유 294
- 비 온 뒤에는 교통수단을 바꿔야~ 295
- 나이가 들면 지혜로운 사람보다 어진 사람이 되거라 296
- 남극에는 바이러스가 없다 299
- 밥은 뜸을 들여야 맛있어지는 거야 300
- 욕심은 눈을 통해 들어온다 301
- 아들은 아빠에게 신경질을 배우고 엄마에게 인내를 배운다 302
- 말은 할수록 단련되지만 그 책임 또한 눈덩이처럼 쌓여간다 303
- 사다리는 올라갈수록 좁아진다 304
- 높은 곳을 오르기 위해서는 더 낮은 곳으로 가야 한다 305
- 어려울수록 편안함을 유지해야 한다 306
- 아들아~ 딸들아~ 보아라 307
- 호기는 기분을 얻고 실리를 잃는다 309
- 주름이 있어야 굽혀진다 없으면 부러진다 310
- 입이 열려 있는 동안 귀는 열리지 않는다 311
- 작은 것은 소리가 세다 312

# 시사(示唆)편 313

- 대접(待接)과 접대(接待)의 차이 314
- 실리와 명예는 재보고 재보지 않고의 차이 315
- 신문은 재방송이 없다 316
- 뉘앙스의 차이 317
- 받아들이지 않으면 메아리가 되는 거야 318
- 국물은 그저 국물일 뿐 진국이 아니다 319
- 트러블(Trouble)을 없애기 위해 트래블(Travel)을 하는 거지 320
- 야구선수들이 그라운드에 침을 뱉는 이유 321
- 잣대를 생각보다 적게 하면 쓸만한 사람들이 많이 보인다 323
- 끄느냐 미느냐 324
- 대가를 치르지 않고 요행을 바라다 325
- 앞을 보는 사람, 뒤를 보는 사람 330
- 공룡의 존재감 331
- 삼겹살 Day 333
- 원칙은 원래 융통성을 동반해야 돼 335
- 직업이란? 336
- 줄서기가 나쁠 수 있는 이유 338
- 남이 편해지는 사회 339
- 사랑의 깊이 341
- 세상을 원만하게 살라고 주위환경에 둥근 것이 많아 342
- 좋게 만드는 노력보다 나쁜 것을 없애려는 노력이 더 중요해 343
- 적합한 것만이 내 편은 아니다 344
- 여론(輿論)은 진실을 말하기 전 이야기 345
- 진짜와 가짜를 구분하는 능력을 가져야 한다 346
- 다 생각하기 나름이야 348
- 사기는 마음풍선에 욕심을 불어 넣어주는 것 349
- 이성과 합리의 위험성 350
- 털어야 할 것, 떼어야 할 것 352

- 두 개의 눈으로 봐야 되는 것 353
- 세상은 비빔밥처럼 얽혀 살고 있어 354
- 길은 먼저 간 사람들에 의해 만들어진다 356
- 계단 오르기는 다람쥐 쳇바퀴 돌기 357
- 무빙워크가 있다는 건 빨리 갈 수 있다는 뜻보다 갈 길이 멀다는 뜻이 내포되어 있다 358
- 회의 없는 날은 길어 보인다 359
- 아르바이트 360
- 대접(待接)과 접대(接待) 363
- 사례에는 손사래가 제격이다 365
- 흘리는 땀과 짜낸 땀은 그 맛이 다르다 366
- 닻은 드러내면 배가 멈추고, 숨기면 배가 움직이는 것이다 367
- 소금은 짠맛 외에 아무 맛도 나지 않지만, 남의 맛을 도와준다
  소금은 음식에서의 주연은 썩지 않게 함이요, 조연은 맛을 내게 하는 것이다 368

# 교육(敎育)편 369

- 아무리 그래도 알아는 둬야지~ 370
- 나 자신을 작게 하면 어디든지 들어갈 수 있어 371
- 무제 372
- 오른손과 왼손의 유래는? 373
- 중요한 것은 언제나 하나야 374
- 손편지 375
- 구기 종목이라고 다 둥근 공으로 하진 않아~ 376
- 절망과 포기는 가장 쉬운 선택 377
- 하늘과 바다에서도 다양한 운송수단이 있으면 대박이야 378
- 소라는 발음은 일본어로 하늘을 나타낸다 379
- 인생은 숙제가 아니야 383
- 꿈이 아름다운 것은 실현하기 힘든 것을 이겨내서야 384

- 성공하는 사람은 자신의 장점을 본다  385
- 멀리 보면 안 보이는 것들  386
- 시간은 항상 좋은 친구  387
- 능력과 의지의 관계  388
- 좋은 길을 모를 땐 나쁜 길을 피하면 돼  389
- 가장 늦은 시간은 몰라도 가장 빠른 시간은 지금이란 걸 알아  390
- 모두 Bravo?  391
- 양력이 음력보다 빨라  393
- 콧수염  394
- 목표는 산 너머 산을 의미해  396
- 노인과 청년의 의미  397
- 손톱을 잘라내듯이 마음을 관리해야 돼  399
- 본성을 숨기고 있는 것들  400
- TV만 보면 절대 부자로 살 수 없다  401
- 내가 남들과 똑같으면 안 되는 이유  402
- 노력하는 이무기가 용보다 아름답다  403
- 열중하지 못 하는 사람들은 열중쉬어!  405
- 불행하지 않은 것이 어쩌면 행복이야  406
- 일본 속의 한국  407
- 만약에 학교가 없어진다면~  410
- 컴퓨터 보고 지혜롭다고 하진 않아  412
- 역사는 배우라고 존재하는 것이지 비난하라고 존재하는 것이 아니다  414
- 시간은 진한 물감에 떨어지는 물과 같은 것. 묽게 만들기에~  416
- 많이 다니다 보면 길이 돼~ 그러나~  417
- 인생은 달리기만 하는 것이 아니다  418
- 복잡한 건 다 이유가 있어  420
- 준비한 자에게도 실패가 온다  421
- 꼴등으로 달린다고 걱정하지 마라  422
- 가족이란 배는 끊임없이 사랑이라는 노를 저어야 해  424
- 강 같은 의지는 바다 같은 신념을 낳는다  425

- 위치가 중요해 426
- Busy 땀 427
- 자신만의 블랙홀을 만들자 428
- 한턱쓰기는 무턱대고 쓰기 431
- 무능한 사람은 언제나 희망과 교훈을 동시에 주는 사람 432
- 운동은 필요 없다 433
- 졸업 뒤엔 언제나 입학이 있어 434
- 모든 부분이 다 강할 필요는 없어 435
- 입과 항문 436
- 있는 게 생기면 없는 게 생기는 법 437
- 획일화된 교육, 21C 과거시험을 보다 439
- 선거에서는 계산을 잘해야 443
- 되는대로 살면 안 돼 444
- 위기와 기회는 일란성 쌍둥이 445
- 관중은 돈을 내는 사람이지 돈을 버는 사람이 아니다 446
- 선한 것은 부지런쟁이 447
- 꿈이 이뤄지지 않을까 걱정하지 마~ 448
- 역사를 잊은 민족에게 미래가 없듯이
  역사를 통해 배우지 못한 민족에게는 반복된 역사가 되풀이될 뿐이다 449
- 학교에서는 지식을 가정에서는 지혜를 450
- 대학은 늪일 수도 451
- 맑은 물에는 고기가 살 수 없다 452
- 세꼬시라 부르는 것 453
- 눕기 좋아하면 나중에 누울 수 없을 거야 454
- 꽃은 사계절 피는 법이다 455
- 가족끼리 더 알고 싶으면 TV를 꺼라 457
- 젊어서 TV를 한 시간 보면 늙어서 열 시간을 보게 된다 458
- 흠집을 대하는 태도 459
- 비록 잘못 가더라도 뒤로 가는 것보다 낫다 462
- 양말이 흘러내릴 때는 뒤꿈치만 올려서는 안 된다 발목 부분까지 올려야 한다 463

- 다 잘할 수는 없다 그러나 못 할 일도 없는 것이다  464
- 얼음은 정으로 깨는 것이 아니라 바늘로 깨야 한다  465
- 삶은 99%의 노력과 1%의 운으로 이뤄질까?  466
- 책은 쌓아두고 보는 게 아니라 보고 나서 쌓아 두는 것이다  467
- 젊어서 머리가 비는 것은 늙어서 지갑이 비는 것과 같다  468
- 중력  469
- 물은 흐름이 느려질수록 더러워진다  470
- 구라  471
- 사람은 키보다는 기(氣)로 싸우는 법이다  474
- 충고의 미학  475
- 아들아, 딸들아 보아라~  477

## 글을 시작하며

어려서부터 궁금한 것이 많았다.
지금처럼 인터넷과 TV, 제반 SNS가 발달하지 않은 시절이어서 누군가 가르쳐주지 않으면 알 수 없는 시기였다.

알고자 하는 욕구는 풀지 못하면 소멸되는 성질이 있다.
그래서 내면 깊은 곳, 심연(深淵) 속으로 사라져버렸다.

학창시절에는 멘토가 절실했다.
그 당시 필요로 여기지 못할 정도로 멘토의 존재조차도 몰랐지만 돌이켜보면 아주 중요한 시기에 멘토가 있었으면 하는 마음이 지금도 간절하다.

우리 아이들은 그 시대와는 다른 아주 풍요로운 세상을 살고 있다.
그래서 굳이 이러한 글이 도움이 될까 하는 생각이 있어 글을 쓰는 데 주저하지 않을 수 없었지만, 일말(一抹)의 도움이 될 수 있겠다는 자신감이 지금 이 글을 완성하게 해 줬다.
(비록 다른 일에 얽매여 사는 사회인이라서 글을 쓰는 데 15년이 걸렸지만, 그때의 생각을 지금은 할 수 없기에 돌아갈 수 없는 어린 시절의 궁금

증을 다시 끌어올리는 지렛대가 되어준 장점도 있어서 수정하지 않고 그대로 옮겼다)

부디 이 글의 내용이 읽는 학생들이 직접적 이해를 하는 것보다 다양한 생각을 하거나 뜻밖의 판단을 하는 데 조그만 도움이 되길 빌어본다.

마지막으로
옛정만으로 삽화를 그려주는 데 심혈을 기울여주신 홍인표 선배님께 고마움을 전한다.

그리고
나와 소중한 인연을 되어 준 아이들, 동욱이와 쌍둥이 딸 예진이, 유진이에게 고맙다는 말을 전하고 싶다.
또한, 아이들의 엄마 김용미 씨에게도 감사의 마음을 전한다.

여름으로 가는 끝자락 성북동에서

# 자연(自然)편

"아빠! 저 강물은 어느 쪽으로 흐르는 건지 도무지 모르겠어!"

"눈으로 봐선 잘 모르겠네?"

"어떡하면 알 수 있어?"

"나뭇잎을 띄워 봐! 그럼 알 수 있을 게다!"

"아하~"

# 직선보다 곡선이 더 아름다운 이유

"아빠! 저 강물은 어느 쪽으로 흐르는 건지 도무지 모르겠어!"
"눈으로 봐선 잘 모르겠네?"
"어떡하면 알 수 있어?"
"나뭇잎을 띄워 봐! 그럼 알 수 있을 게다!"
"아하~"

. . . . . . . . . . . . . . . . . . . . . . . . . . . . . . . . . . . . . . . .

남의 의중을 모를 때도 나뭇잎을 띄우듯 넌지시 알아보십시오
그러면 밝은 표정을 기대할 수 있을 겁니다


\# 직선은 빠르나 그것을 느끼지 못합니다
   곡선은 느리나 그것을 느끼지 않게 합니다
   때로는 직선적인 것보다 곡선이 필요할 때가 있습니다
   직선을 오래 보면 곡선에 비해 피곤이 먼저 오기 때문입니다
   세상은 돌아가야 할 때가 있고 곧장 가야 할 때가 있는 법입니다

## 이유는 있지만~

"아빠! 소나무는 왜 늘 파래?"
"음~ 속이 단단해서지"
"그럼, 아빠! 대나무는 왜 그래?"
"흐음~ …겉이 단단해서지"
"…"

. . . . . . . . . . . . . . . . . . . . . . . . . . . . . . . . . . . . . . . . . .

겉과 속이 단단했으면 좋겠습니다
속이 그렇지 않다면 겉이라도 단단해졌으면 좋겠습니다
이제는 겉마저도 물러져 버린 것 같아 안타깝습니다


\# 사람들은 속은 치장하지 않고 겉만 치장하는 경향이 있습니다
　겉과 속을 모두 치장했으면 좋겠지만, 그게 안 된다면 겉이라도 치장했으면 합니다
　그런데 이제는 겉도 치장하기 힘든가 봅니다
　겉이든 속이든 단단하게 되면 푸른 잎을 가질 수 있습니다

자연(自然)편 **23**

# 별은 돌기 때문에 둥근 거야

"아빠! 별은 모두 동그란데, 왜 이렇게(☆) 그리는 거야?"
"별은 반짝이는 것인데 이 모양(☆)이 더 빛나 보이잖니?"
"그래서 그런 거야?"
"그럼~"
"그럼 남들이 오해하잖아? 별이 원래 그런 줄 알 것 아냐?"
"하지만 별을 둥글게 그리면 재미없어 할걸?"
"…"

· · · · · · · · · · · · · · · · · · · · · · · · · · · · · · · · · · · · · · · · · · · · · · · · · · · ·

보기 좋게, 보다 돋보이게 하는 것이 나쁘진 않은 듯합니다
나쁘게 왜곡(歪曲)되지만 않는다면…

\# 둥근 것이 필요한 자리가 있듯이
  또한 둥근 것이 모두에게 필요하지는 않습니다
  그런데 모두 둥글게 살라고만 합니다

## 파란 별이 붉은 별보다 10배는 더 뜨거워~

"아빠! 하늘은 왜 파란색이야?"
"그건 멀리 있어서 그래!"
"파란색은 모두 멀리 있어?"
"아니, 파래서 먼 것이 아니고 멀리 있으니까 파란 거야! 파란색이 가장 멀리 보이거든!"
"…"

· · · · · · · · · · · · · · · · · · · · · · · · · · · · · · · · · · · · · · · · · · ·

아마 하늘색은 우리가 생각하는 색과는 다른 색 또는 색이 없을 수도 있습니다
그저 파랗게 보일 뿐…

\# 뜨거운 것을 그동안 빨간색으로 표시해 왔습니다
  원래는 파란색인데…

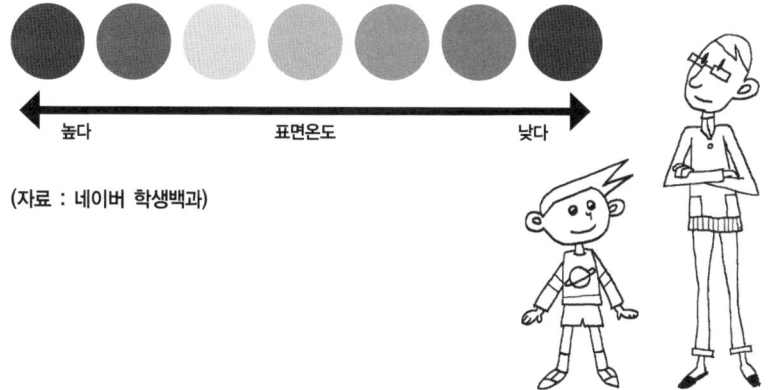

(자료 : 네이버 학생백과)

# 목표는 만들어 가는 거야

"아빠! 무지개는 무슨 색으로 되어 있어?"
"빨, 주, 노, 초, 파, 남, 보, 일곱 가지 색이야!"
"그럼 색깔은 일곱 가지밖에 없어?"
"아니야! 색깔은 어떻게 만드느냐에 따라 천차만별이야! 그 어떤 색도 만들 수 있단다!"
"아하 ~"

. . . . . . . . . . . . . . . . . . . . . . . . . . . . . . . . . . . . . . . . . . . . . . . . .

아직 만들지 않은 색이 있습니다
그것은 당신이 아직 만들지 않았기 때문입니다
그 어떤 색도 만들 수 있습니다
아직 준비하지 않았을 뿐, 무슨 색이든 만들 수 있습니다


\# 사람들은 이미 색이 있기에 직접 만들어 보지 않고 있습니다
　색은 존재하는 것이 아니라 만들어진다는 것을 모르기 때문일 겁니다
　내가 만들면 또 다른 색이 존재할 수도 있는데도 말이죠~

## 사람들과 친해져야 하는 이유

"아빠! 별이 반짝이는 이유는 뭐야?"
"그건 햇빛을 받아서 그래!"
"그럼 별은 혼자서 빛을 내지는 못해?"
"그렇지!"
"그럼 태양은 별이야?"
"…"

· · · · · · · · · · · · · · · · · · · · · · · · · · · · · · · · · · · · · · · · · · ·

특별한 사람은 많지 않습니다
꽤 대다수의 사람이 혼자서는 아무런 빛을 내지 못합니다

# 혼자서는 빛을 낼 수 없습니다
　누군가의 도움을 받거나, 너무나도 어려운 수련을 해야 비로소 빛을 발할 수 있는 것입니다
　태양이 빛을 내도 여러 곳에서 빛을 반사시켜 주면 태양이 혼자 내는 빛보다도 더 많은 빛을 낼 수 있습니다
　혼자서도 성공할 수 있습니다
　그러나 어렵습니다
　여럿이 도와주면 커다란 성공을 할 수 있습니다
　도와줄 수 있는 사람을 만드는 것이 무엇보다도 중요합니다
　그리고 별도 크게 되면 스스로 빛을 낼 수도 있습니다

# 중력(重力)과 같은 친구를 사귀자

"아빠! 지구는 둥글다며?"
"응!"
"그럼 남극에 사는 사람들은 거꾸로 서서 살아도 괜찮은 거야?"
"그럼! 밑에서 당겨주는 힘이 세면 거꾸로 있어도 똑바로 있는 것같이 편안하게 살 수 있어!"
"…."

· · · · · · · · · · · · · · · · · · · · · · · · · · · · · · · · · · · · ·

그렇습니다
중력(重力)에 의해 지탱되는 우리의 몸은 그렇듯 그 힘에 의해 편안해집니다
우리의 생활에서의 중력이 의지와 신념이었으면 하는 바람입니다

\# 아래에 위치한 중심이 무거우면 흔들려도 쓰러지지 않습니다
　오뚝이가 그런 것처럼요
　뿌리 없이 줄기만 무성해지면 그건 불행입니다
　바람에 넘어갈 테니까요~
　그럼에도 사람들은 신념을 무겁게 가져가지 않고 가벼운 속삭임에 흔들려 쓰러지는 경향이 있습니다

# 대기는 찬 공기와 더운 공기를 만나야 비를 뿌려

"아빠! 저렇게 사막에 사는 사람들은 너무 안 됐어! 너무 덥고 살기가 힘들잖아!"

"사막이 살기는 힘들지 몰라도 없어져서는 안 돼!"

"그건 왜?"

"또 다른 사막이 생기니까?"

"…."

· · · · · · · · · · · · · · · · · · · · · · · · · · · · · · · · · · · · · · · ·

사막이 힘들어 보인다고 해서 좋은 기후로 만들면 어떻게 될까요?
사막이 없어져야 한다면 어딘가에 또 다른 사막이 존재한다는 것과 같을 겁니다

# 똑같을 필요가 없습니다
    물론 똑같이 만들 수도 없습니다
    공기가 서로 달라야 비도 내리는 것처럼
    그러나 사람들은 교육을 통해 모든 사람들이 똑같아지기를 원하는 것 같습니다

## 원만한 것은 오래된 것을 의미한다

"아빠! 그런데 별은 왜 모두 모양이 둥그렇게 생겼어?"
"그건 오래되었기 때문이야!"
"오래되면 그렇게 모양이 바뀌어?"
"닳아서 그렇거든…"
"그럼 성격이 원만한 것은 모두 어른들이겠네?"
"?"
"어린이가 원만한 성격이 되면 이미 늙은 건가?"
"…."

· · · · · · · · · · · · · · · · · · · · · · · · · · · · · · · · · · · · · · · · · · · · · · ·

바윗돌이 온갖 시련을 겪고 나서 동그랗게 자갈로 변하듯이 둥근 '원'이라 함은 그 속에서 세월의 풍파를 느낄 수 있을 겁니다
그러나 풍파를 겪지도 않은 것이 본래의 모양을 저버리고 원이 되는 경우가 너무나도 많습니다
우주의 별들은 모두 원의 모양을 띠고 있습니다
오래되었기 때문입니다


\# 원은 하나의 모양만 추구합니다
　　각이 없기 때문입니다
　　그러나 각을 이룬 것은 엄청난 것들을 만들 수 있습니다
　　각을 세우는 것은 어쩌면 생산적으로 필요할지 모르겠습니다
　　생산을 원한다면 원만한 사람보다 각을 세우는 사람들이 필요할지도 모르겠습니다

## 모르면 쓸모없는 것이 되나 봐~

"아빠! 발가락은 왜 있는 거야?"
"응?"
"손가락은 알겠는데 왜 발가락이 필요한 거지?"
"손가락은 왜 필요한데?"
"물건을 잡거나, 쓰거나 하잖아! 손가락이 없다면 너무 불편할 것 같아!"
"그럼 발가락이 없다면 어떨 것 같아?"
"글쎄~ 별로 불편하지 않을 것 같은데?"
"발가락이 없다면 제대로 서 있지도 못할 거야! 그러면 손가락도 불편해지지!"
"그건 왜?"
"발이 할 수 없는 일이 많다면 그만큼 손이 해야 할 일이 많아져서 피곤해지는 거지~"
"아하~"

· · · · · · · · · · · · · · · · · · · · · · · · · · · · · · · · · · · · · · · · · · · · · · · · ·

내가 모른다고 해서 필요하지 않은 것은 아닙니다
반드시 존재의 가치가 있다는 것을 사전에 안다면 어딘가엔 필요하겠지 하고 생각해야 할 듯합니다

\# 사람들은 자기가 활용하지 못하는 것을 쓸모없다고들 합니다
　그러나 그것은 모르고 하는 소리입니다
　쓸모없는 것이 아니라 활용할 줄 모르기 때문입니다

## 내버려 둔다고 나빠지지는 않아

"아빠! 발은 양말을 신고 있는데도 아무것도 끼고 있지 않은 손보다 더러워! 왜 그래?"
"그건 너무 보살펴서 그런 거야!"
"응?"
"너무 보살피면 제대로 되지 못하는 경우가 많거든…"
"아냐, 그건 양말만 신겨 놓고 발이 더러운지 아닌지 확인을 안 해서 그런 거야! 손은 자주 보니까 자주 씻게 되잖아?!"
"…"

· · · · · · · · · · · · · · · · · · · · · · · · · · · · · · · · · · · · · · · · · · · · · · ·

너무 보살펴서 그런 건지 아니면 양말만 신겨놓으면 잘 보살피는 것으로 인식해서 그런 건지…

\# 물은 내버려 둬도 아래로 흘러갑니다
　다만 물꼬를 터주는 역할만 한다면 물은 아주 잘 흘러갈 겁니다

## 나무는 커지는데 사람은 커지지 않는다

"아빠! 이마에 난 건 뭐야?"
"응 그건 주름살이야!"
"왜 나는 건데?"
"나이가 먹으면 나게 되는 거야!"
"?"
"마치 나무가 나이를 먹으면 나이테가 늘어나듯이…"
"그런데 나이를 먹을수록 나무는 커지는데, 아빠는 더 이상 커지지 않잖아!"
"마음이 커지잖아~"
"…"

· · · · · · · · · · · · · · · · · · · · · · · · · · · · · · · · · · · · · · · · · · · · · · ·

나무가 나이를 먹으면 점점 더 커지는데, 사람은 그렇지 못한 것 같습니다
나이를 먹으면 욕심이 커져서 다른 것은 클 수 없나 봅니다
그러나 주름살이 늘어날 때마다 포용과 배려가 커졌으면 좋겠습니다

\# 예전에는 나이를 먹으면 많은 경험을 했기에 현명하며 그로 인해 존경받았습니다
그러나 요즘은 살아보지 않아도 경험을 할 수 있는 일이 많기에 존경의 이유는 경험보다 인격이 되어야 한다고 생각합니다

# 보기에 따라 세상은 달라 보여

"아빠~ 왜 하늘은 위에 있고 땅은 밑에 있어?"

"그렇지 않아~"

"그럼 하늘이 밑에 있고 땅이 위에 있는 거야?"

"그것도 아니야~"

"그럼 뭐야~"

"하늘이 위에 있을 수도 아래에 있을 수도 있으며, 땅이 위에 또는 아래에 있을 수도 있는 거야~"

"…."

· · · · · · · · · · · · · · · · · · · · · · · · · · · · · · · · · · · · · · · · · · · · · · · · · · ·

지구에서 보면 하늘은 위에, 땅은 아래에 있기 마련입니다
그러나 우주에서 보면 어디가 위고 어디가 아래인지 구분이 가지 않습니다
그동안 너무 좁게 보고만 살았지 않았나 생각해 봅니다

\# 세상은 내가 어떻게 보느냐에 따라 달리 보입니다
    세상은 극장의 스크린이고 나는 관객입니다
    내가 자리를 바꾸면 스크린이 달라 보입니다
    스크린은 변하지 않기 때문에 바꿀 수 있는 것은 나밖에 없습니다

# 경제(經濟)편

"아빠! 가난한 사람들을 도우면서 살아야 하는 거야?"
"그럼!"
"도와주면 내 몫이 적어지잖아!"
"나눌수록 몫이 적어지지만, 기쁜 마음은 나눌수록 곱해지거든…."

# 나눗셈과 곱셈은 친구

"아빠! 가난한 사람들을 도우면서 살아야 하는 거야?"
"그럼!"
"도와주면 내 몫이 적어지잖아!"
"나눌수록 몫이 적어지지만, 기쁜 마음은 나눌수록 곱해지거든…."

· · · · · · · · · · · · · · · · · · · · · · · · · · · · · · · · · · · · · · · · · · ·

나누기와 곱하기의 상관관계가 동전의 양면과도 같습니다

# 세상은 + 처럼 더하며 살아야 합니다
　행복과 슬픔은 함께해야 합니다
　세상은 - 처럼 살아야 합니다
　손해를 보듯이 져줘야 합니다
　세상은 ÷ 처럼 살아야 합니다
　사랑과 온정은 나눠야 합니다
　세상은 x 처럼 살아야 합니다
　그래야 행복이 커져 널리 퍼지는 세상이 되는 것입니다

# 호황(好況)은 불황(不況)의 어머니

"아빠! 올해는 태풍이 자주 온대!"
"그래 해수면의 온도가 높기 때문에 그렇다는구나! 너무 더워서 그래!"
"너무 열 받아서 바람이 세게 부나 봐!"
"엉?"
"식혀주려고…"
"엉?"

· · · · · · · · · · · · · · · · · · · · · · · · · · · · · · · · · · · · · · · · · · · ·

냄비에 국수를 끓일 때 거품이 일어나 넘쳐나려고 하면 찬물을 붓는 것을 보게 됩니다
끓어 넘치는 것을 방지하고 국수 면발을 통통하게 하기 위해서입니다
경제도 그렇습니다
호황이 계속되면 넘쳐흘러 경제를 망칠 수 있습니다
그래서 불황이 오는 것입니다
넘치지 않게 하고 경제를 더욱 단단하게 만들려고….

# 달도 차면 기운다는 말이 있습니다
현재는 더 나은 미래를 위해 준비하는 것이 아니라 더 나빠질 미래를 대비하는 것인지도 모르겠습니다

경제(經濟)편 37

## 인생의 사막을 만들지 말자 (보험이 필요한 이유1)

사막은
강수량보다 증발량이 더 많은 지역이다
(또는 강수량이 저조한 곳이기도 하다)
내리는 비보다 쓰거나 없어지는 물이
더 많으니 땅이 메말라서 동식물이
살기에 적합하지 않다

혹자는
이렇게 말한다
사막에도
꽤 많은 생명이 살아간다는 것을~

인정하지만
척박한 환경에서의 삶은
편함과 불편함을 따지기 전에
생존이 달린 문제이기에
여유로운 삶을 기대하기 힘들다

습지나 드넓은 초원,
그리고 정글지대에는
많은 강수량으로
다양한 동식물이 살아가고 있다

그들에게는
적어도 물이 없어 죽지는 않는다는
것이다

보험은 살아가는 데 필요한 물과
같은 존재다
물만 먹고 살 수는 없어도
물 없이 살 수는 전혀 없다
(3일 정도면, 혹은 일주일이면 모두
죽는다)

사막이 있다는 것은 어딘가에 오아시스가
있다는 말이 있는데
이는
아름다운 말의 유희에 지나지 않는다
(굳이 어려운 환경을 만들고 나서
하늘이 무너져도 솟아날 구멍은 있다 라는
말과 같다)

오아시스는 사막에서 희망이지만
초원이나 정글에서는
그 존재가치가 떨어진다

굳이 인생을 살면서

그것도

사랑하는 가족과 살면서 오아시스를 찾으려는,

삶을 담보로 하는 내기(노력)를 해서는 안 된다

또한

이미

많은 사람들이 오아시스를 찾기 전에

죽었다는 것을 상기할 필요도 있다


따라서

애써 사막을 만들어 오아시스를 찾으려

하지 말고

삶과 죽음과는 전혀 무관한 인생의 편안한 휴식처가

될 수 있는 파라다이스 같은 오아시스를 찾아

가족들과 함께 보내야 하지 않을까?

# 불황(不況)의 시대가 좋은 사람들

"아빠! 불황(不況)이 뭐야?"
"응 그건 경기가 좋지 않다는 뜻이야!"
"경기가 안 좋으면 나쁜 건가?"
"그렇지!"
"왜?"
"당장 너에게 줄 용돈도 줄고 장난감 같은 걸 사주지도 못하고…"
"하지만 돈만 있으면 가격이 싸서 예전보다 많이 살 수 있잖아!"
"그렇지! 돈만 있으면…"
"….."

· · · · · · · · · · · · · · · · · · · · · · · · · · · · · · · · · · · · · · · · ·

불황이라고 해서 모두에게 나쁜 건 아닌가 봅니다
오히려 더 좋아지는 사람이 있으니 말입니다
불황에는 돈이 최고입니다
돈을 많이 확보한 사람이 또다시 부자가 될 수 있는 절호의 기회이기 때문입니다

\# 모두가 힘든 불황이 누구에게는 기회가 됩니다
   불황에는 돈이 없기에 물건이든 부동산이든 싸게 팔리는 것이 많이 있습니다
   그럴 때 부자가 되는 법은 싸게 사서 불황이 끝나고 나서 비싸게 팔아 많은 이윤을 남기는 것입니다

# 보험의 의미 (보험이 필요한 이유2)

자기사후에
자신이 구원받기 위해
종교가 필요하고,

자기사후에
가족이 구원받기 위해
보험이 필요하다

# 감이 대추보다 비싼 이유

"아빠~ 대추나무는 꽃을 피운 것은 모두 살려서 열매를 맺게 한대~"
"그래서 제사음식에 쓰이는 거야~ 자손대대로 번창하라고!"
"그런데, 감나무는 떨어뜨릴 놈은 전부 떨어뜨리고 살릴 놈만 키워서 열매를 맺게 한대~"
"…"
"아빠~ 감도 제사음식에 올리지?"
"그렇지~ 감나무가 저절로 감이 열리지 못하고 접을 붙여야 되듯이 자손들이 교육을 잘 받게 기원하려고 올리는 거야~"
"몇 개만 키우니 감이 대추보다 더 비싼 거네?"
"…"

· · · · · · · · · · · · · · · · · · · · · · · · · · · · · · · · · · · · · · · · · · · · · · · · · ·

경제논리로 보면 감이 더 비쌀 수밖에 없습니다
커서 더 비싼 줄 알았는데 그게 아닙니다


\# 가격은 흥정하는 것입니다
　누가 유리하느냐에 따라 가격은 올라가기도 하고 내려가기도 합니다
　물건은 그대로인데도 말이죠~

경제(經濟)편 **43**

## 보험(保險)이란? (보험이 필요한 이유3)

보험은 위험을 보장한다
또는 위험으로부터 보호한다는 의미다
가족과 자신을 위험으로부터 보호하고 위험으로부터
손해가 발생하였을 때 경제적 보장을 한다는 뜻이다
(일본과 중국도 같은 의미다)

영어로 보험은 insurance다
이는 sure(확실한, 안정된)인 상태에 들어있는(in)
것을 의미한다
생활을 하며 인생을 확실하게 즐기려면 안정된
상태에서만이 가능한 것이다

한편 영국식 보험은 assurance다
이는 확언, 장담, 확약 그리고 자신감을 뜻한다

a life assurance company(생명 보험 회사)

이는 프랑스의 영향을 받아서 생긴 단어다
(과거 야만족인 앵글족, 색슨족은 프랑스로부터
문화어를 대거 수입해 사용했다)

그래서 프랑스어로 보험도 assurance다
물론 뜻도 같다
그런데 보험의 프랑스어는
assuré에서 나온 말로 안심이란 뜻이다

즉 보험이란 생활의 안심을 주는 확약을 말한다
그래서 생활의 자신감이 붙는 것이다

우리는 보험을 단순히 위험으로부터
지켜주는 것으로만 인식해 왔다

그래서 자신 있는 사람들은 보험을 경시했다
죽지 않을 자신감, 사고 나지 않을 자신감,
설마 하는 자신감 등…

그러나 보험은 위에서도 언급했듯이
생활의 안심을 주며 자신감을 심어주는
존재다
(보험이 외국에서 먼저 시작했기에 따라보자)

이제 단순 보장(사후적 의미)에서
생활의 활력(사전적 의미)을 주는 것이라
생각한다면 보험의 필요성을 조금 더
느끼지 않을까?!

## 여럿이 살다 보면 반드시 가난한 사람이 발생해

"아빠! 저기 구걸하는 사람들 좀 봐! 너무 불쌍해!"
"그렇구나!"
"왜 가난한 거야?"
"모두가 살아가다 보니까 그래!"
"…."

· · · · · · · · · · · · · · · · · · · · · · · · · · · · · · · · · · · · ·

사람들은 살아가면서 언제나 가난한 사람과 부자를 만들어 냅니다
자산의 총액이 정해진 것이기에 누군가가 부자가 되면 누군가는 가난해질 수밖에 없습니다
그러므로 가난한 사람들을 도와주는 사회적 책임이 부자에게 있는지도 모르겠습니다
가난한 사람들과 더불어 살아가면서 자신도 부자가 된 것이니까요

# 대부분의 부모님들은 자녀가 학교에서 1등 하길 원합니다
   그리고 누구 한 분 자기 자녀가 꼴등 하길 바라는 부모도 없을 겁니다
   그러나 학교에는 언제나 1등과 꼴등이 존재합니다
   이런 상황에서 모두가 1등 하세요 라는 구호는 모순입니다
   가능하지 않을 일을 원하니까요
   그리고 모두가 1등이 된다면 아주 커다란 불행에 직면하게 될 것입니다
   1등이 꼴등이 하는 일을 하고 싶지 않기 때문입니다
   그러면 결국 몸통과 팔, 다리, 꼬리가 없이 머리만 있는 동물이 만들어질지도 모릅니다

# 마을버스가 고속도로를 가지 못하는 이유 (보험이 필요한 이유4)

안전벨트가 없어서다

인생도 마찬가지~

쾌속항진에는 반드시 안전벨트가 있어야 한다

그것은 바로 보험이다

# 돈! 나의 주인인가, 하인인가?

"아빠! 세상은 돈이면 다 되는 것 같아!"
"요즘은 특히 더 그런 것 같구나!"
"사람이 돈을 만들어내고 거기에 끌려다니는 모습이네?"
"흔히 편의를 위해서 만들어진 것들에 오히려 구속받는 경우가 많단다!"
"음~"

· · · · · · · · · · · · · · · · · · · · · · · · · · · · · · · · · · · · · · · · · · · · · · · · · · · · ·

사람은 기계를 만들어 내고 거기에 맞춰 살아갑니다
사람은 돈을 만들어 내고 그것을 신봉합니다
이끌려 가는 이유는 바로 돈을 자기만 많이 가지겠다는 소유욕이 강하게 있기 때문입니다

# 돈은 이용의 대상이었습니다
　그러나 돈이 명성이 높아지자 사람들은 돈을 따르게 되었습니다
　인격이 높은 사람보다도 돈을 더 따르게 되었습니다
　돈은 인격이 없는데 왜 그럴까요?
　사람이 따르면 인격(人格)이 생기듯이 돈도 사람들이 따르게 되어 전격(錢格)이 생긴 겁니다
　골프는 가만히 서 있는 공을 때리는 경기지만 제대로 잘 치는 사람들이 별로 없습니다
　이처럼 돈도 가만히 있는데 사람들은 그런 돈에 휘둘리며 살아갑니다

## 번지점프 (보험이 필요한 이유5)

높은 곳에 올라 아래로 떨어지는 기쁨을
아는 사람은 점점 더 높은 곳을
추구한다
바로
번지점프다

그런데
번지점프를 즐기기 위해서는
반드시 발목에 줄을 감고
떨어져야 한다는 것은 모두 알고 있다

그렇지 않는다면
다음 번지점프는 즐길 수 없게 되기 때문이다

인생을 즐기는 방법도 마찬가지다
만끽하고 싶다면
생명 줄을 달아야 한다
그러나 아쉬운 것은
자신의 생명 줄을 달 수도 없을 뿐 아니라
설령 생명 줄을 단다고 해도
죽음을 피할 수는 없다는 것이다

그런데
자신의 생명 줄을 달 수는 없어도
가족을 위한 생명 줄은 달 수가 있다

바로
자신의 생명이 다했을 때
사랑하는 가족을 위해
가족이 멋진 인생을 만끽하며
생명을 연장할 수 있도록
생명 줄을 선사할 수 있다는 것이다

이것이 보험이다

## 관심을 두면 내 것이 돼

"아빠! 가난한 사람과 부자인 사람은 어떻게 달라?"
"모두 욕심이 있지만 그 욕심이 서로 다르다는 거야!"
"그럼 가난한 사람은 부자가 되겠다는 욕심이 아닌 다른 욕심을 가졌다는 거네?"
"그렇지!"

・・・・・・・・・・・・・・・・・・・・・・・・・・・・・・・・・・・・・・・・

관심을 어디에 두느냐에 따라 부자(富者)와 빈자(貧者)로 나눠집니다
관심의 대상이 돈일 경우 부자가 되기 쉽습니다
또한 그것이 책일 경우 공부를 잘하는 사람이 될 수 있습니다
중요한 것은 자기관심의 대가는 결과로 반드시 치러야 한다는 것입니다

\# 부자가 된 사람은 욕심이 있으나 가난한 사람은 욕심이 없다는 말은 맞지 않습니다 부자는 돈에 욕심이 많았고 가난한 사람은 돈이 아닌 다른 것에 욕심이 많아서 생긴 결과입니다

## 꿀이 평생 상하지 않는 이유 (보험이 필요한 이유6)

꿀은 상하지 않는 음식(식품)이다
수천 년 전에 있었던 돌같이 딱딱해진 꿀을
녹여 먹어도 아무런 탈이 생기지 않는다

왜 꿀은 상하지 않는 걸까?

바로
꿀은 당도가 높기 때문에 그렇다
당도가 높아서 미생물이 살 수 없는
환경을 만드는 것이다

설사 미생물이 침투해도
삼투압 작용으로
미생물의 수분을 모두 빼앗기 때문에
곰팡이 등이 서식할 수 없는 것이다

마치 설탕이 그러하고
소금이 그러한 것과 마찬가지다

높은 당도와 염도는
외부로부터 자신을 보호해준다

모두들
가족을 사랑한다고들 한다
그러나 그 농도를 알 수 없다

하지만 가족을 지켜줄 수 있느냐 없느냐로
그 농도를 유추할 수 있다

혹자는 자신이 살아있는 동안 최선을 다해
가족을 사랑한다고 한다
이는 가족을 반만 사랑한다는 의미다

죽어서도 가족을 사랑해야 100%
사랑하는 것이다

죽어서도 가족을 지켜줘야 한다는 것이다

가족사랑의 농도를 높여주는 방법!
그 유일한 방법으로는
보험밖엔 없다

# 돈 버는 생각은 돈나무의 씨앗

"아빠! 어떻게 하면 돈을 많이 벌 수가 있어?"
"벌어서 뭐하려고?"
"그냥 좋은 일에도 쓰고 그러게…"
"그럼 생각을 많이 하면 될 거야!"
"무슨 생각?"
"돈 버는 생각!"
"근데 왜 아까 어디에 쓸 건지 물어본 거야?"
"그냥 나중에 편하게 지내려고 돈을 벌겠다 한 거면 벌지 말라고 하려고…"
"왜?"
"편해지고자 하면 지금부터 편하면 돼! 돈을 벌려고 하면 너무너무 힘들어지거든…"
"…."

· · · · · · · · · · · · · · · · · · · · · · · · · · · · · · · · · · · · · · ·

옛말에 개처럼 돈을 벌더라도 정승처럼 쓰면 된다 하였습니다
단, 정승처럼 쓴다는 것은 보람 있는 일에 쓴다는 뜻이지
대접받으면서 으스대며 쓴다는 소리는 아닐 겁니다


\# 돈을 버는 방법은 간단합니다
　바로 돈이 많이 필 수 있도록 미리 돈나무를 키우는 것입니다
　잘 자란 돈나무는 가지도 많고 열매도 많이 맺을 겁니다
　그러려면 영양분을 잘 섭취하고 잘 자라야 합니다
　자신이 돈나무가 되어 보는 것은 어떨까요?
　그러려면 또 어떻게 하면 될까요?
　자신의 브랜드(가치)를 높이면 저절로 돈은 벌게 되는 법입니다

## 자신의 가치 (보험이 필요한 이유7)

보험은 가치를 판단해 적당한
가격(가입금액)으로 가입한다

화재보험에서
주택, 공장, 사무실 등의 가치는 원상복구비용이다
즉 화재로 전소된다면
다시 주택 등을 사거나 신축하는 비용을
보상받는 것이다

그런데
만약에 가치보다 적게 가입한다면
원상복구는 불가능하다

자동차보험의 대물배상, 자차 손실배상 등도
가치를 판단해 적정금액에 가입하는 것이다

그럼
자신의 가치는 어떻게 산정할까?

사람은 원상복구가 되지 않기 때문에
죽었어도 되살릴 수는 없다

다만 살아 있다고
가정하여 평생 자신과 가족을 위해
어느 정도의 돈이 필요할까 판단해
그 금액만큼 가입하는 것이다

가입금액이 1억 원이면
가장이며, 어른인 자신의 경제적
가치가 1억 원이라는 것이다

그런데
슬프게도
1억 원을 대체할 수 있다면
자신과 바꿀 수도 있다는 것이다
대체불가능인 자신이 단돈
1억 원에 교체되는 것이다

그런데도
한국인의 종신보험 가입금액의
평균은 1억 원도 되지
않는다는 통계가 있다

화재와 자동차보험 등은
적정 가치를 판단해 가입하면서도
자신의 가치는
너무나도 저평가한다

이런 결과를 보고
겸손의 의미라고 하는 것은 너무 미화되거나,
현실적이지 못한 말의 포장이다

이제라도
자신의 가치에 맞게 설계하고 가입해야 한다
자신은 일개 주택 등보다도 훨씬 소중하니까~

# 프로페셔널과 아마추어의 차이

"아빠~ 저 낚시꾼은 물고기를 엄청 많이 잡았어~"

"그렇네~"

"다 가지고 가서 먹으려나?"

"그렇겠지~"

· · · · · · · · · · · · · · · · · · · · · · · · · · · · · · · · · · · · · · · · · · · · · ·

프로 강태공은 잡은 고기를 먹지 않고 놓아줍니다

그러나 아마추어 낚시꾼이 잡은 고기를 놓아주지 않고 먹습니다


'유산의 기부문화 활성화를 기대하며'


\# 기부는 공정한 게임을 하겠다는 발상입니다

자녀에게 재산을 물려주지 않고 자녀가 동등한 입장에서 다른 사람들과 선의의 경쟁을 하라는 뜻입니다

자녀에게 많은 재산을 물려주는 것은 사회의 룰에 대한 반칙입니다

## 죽을 준비를 해야 하는 이유 (보험이 필요한 이유8)

예전에 우리 어머니들은
정화수를 떠 놓고 지성으로
기도를 드렸다

그런데
지성이면 감천이라고도 했는데
과연
그 많은 기도가 현실화되었을까?

만약에
그 소원을 대부분 들어주지 않았다면
이제 바꿔볼 필요가 있다

바로
정화수 대신 죽으로
바꿔보는 것이다

옛말에도 있지 아니한가?

"죽은 사람 소원도 들어준다"

따라서
이뤄지지 않았던 소원은
죽을 떠 놓고 기도를 해 보면 된다고 하던데…

그런데
자녀가 공부도 안 하고 빈둥빈둥 놀면서도
공부하란 말에 너무 쉽게
이렇게 놀아도 공부는 잘할 수 있다고 하면
이런 얘기를 해 주자

"얘야 네 방에 가서 죽을 준비해라"

그리고 회초리를 준비하자 ^^;

그런데
우리가 반드시 알아야 할 것이~
정화수든 죽이든
우리의 소원은 절대로 들어주지 못한다는 것이다

그러므로
가족을 위한 소원을 빌고자 할 때,
기도보다도 확실한 로또가 있어야 한다
절대 꽝이 없는 로또

바로 보험이 필요한 이유다

# 복권이 주는 매력1

"아빠! 아빤 복권당첨을 바라?"
"그럼~ 바라지!"
"왜?"
"당첨되기 힘드니까!"
"엉?"
"당첨되기 쉽다면 오히려 기대하지 않을걸?"
"…."

∙∙∙∙∙∙∙∙∙∙∙∙∙∙∙∙∙∙∙∙∙∙∙∙∙∙∙∙∙∙∙∙∙∙∙∙∙∙∙∙∙∙∙∙∙∙∙∙∙

당첨되기가 쉬우면 당첨금이 적을 테니 모두가 기대하지 않을 겁니다
당첨되기 힘들면 당첨금이 많을 테니 당첨을 바라고 모두가 복권을 사는 것입니다

# 모두가 당첨될 수 있다면 그건 이미 복권이 아닙니다
　당첨되기 힘들고 어렵지만 당첨되면 많은 돈을 벌 수 있다는 기대 때문에 복권이 각광받고 있는 것입니다

# 복권이 주는 매력2

"아빠! 나 오늘 복권 샀다!"
"뭐 좋은 꿈이라도 꿨어?"
"아니!"
"그럼 왜 샀어?"
"좋은 꿈을 꾸려고…"
"…"

· · · · · · · · · · · · · · · · · · · · · · · · · · · · · · · · · · · · · · · · · · · · · ·

복권은 좋은 꿈을 꾸었을 때만 산다면 복권사업은 망할 겁니다
사고 나서 좋은 꿈을 꾸기 위해서라는 것을 모두가 알지만…
다들 가끔은 잊는 듯합니다


\# 복권구입도 포트폴리오 측면에서는 아주 유용한 투자입니다
   그러나 기대할 수 있는 수익이 너무 적기 때문에 많은 돈을 투자하는 것은 현명하지 않습니다
   확률이 낮으므로 적은 금액으로 하는 것이 유리합니다
   괜히 확률을 높이고자 큰 금액을 투자한다면 확률은 높아질지 모르지만 기대할 수 있는 당첨금은 오히려 적어지기 때문입니다

# 돈 없이 보험(保險)에 가입하는 방법

"아빠! 보험은 뭐야?"
"안 좋은 일이 생길 경우를 대비해서 돈을 내고 보장받는 것을 말해!"
"그럼 반드시 돈을 내야 하겠네?"
"그럼!"
"만약에 돈을 내지 않고도 보장받는 것이 있다면 무조건 가입하겠네~"
"ᄊᄊ"

. . . . . . . . . . . . . . . . . . . . . . . . . . . . . . . . . . . . . . . . . . . .

사람을 사귀어 보십시오
특별히 돈이 들어가지 않고 보장을 받을 수 있습니다
그러나 사귈 때 나도 상대방을 보장해 줄 수 있다는 것을 보여주어야만 합니다
그래야 친구가 됩니다


\# 사람들은 돈을 들이면 정성을 쏟습니다
   그 반대로 돈을 들이지 않으면 그만큼 정성을 쏟지 않는 경향이 있습니다
   그러나 돈을 들이지 않았지만 정성을 쏟아야 하는 것도 있습니다
   바로 인간관계입니다

# 돈을 한 방에 버는 방법

"아빠~ 어떻게 해야 돈을 벌 수 있어?"
"그건 마치 저수지에서 고기를 잡듯이 투자(投資)하면 되는 일이야~"
"응?"
"넓고 커다란 저수지에 물이 많이 들어 있으면 고기 잡기가 어렵지?"
"응~"
"그런데 저수지 물이 빠지고 있어서 조만간 바닥을 드러낸다고 가정해 봐~ 그럼 고기들이 한 곳으로 모여들겠지?"
"응~"
"그때 한꺼번에 잡는 거야~"
"…."

· · · · · · · · · · · · · · · · · · · · · · · · · · · · · · · · · · · · · · · · · ·

저수지에서 물 빠질 때 고기들이 한 곳으로 많이 모이게 되는 법입니다
그리고 이때 쉽게 고기를 잡을 수 있는 법입니다

# 돈을 물고기라고 생각하고 잡는 법을 연구하면 됩니다
　개울가에서 그물로 잡으면 피라미, 송사리 같은 작은 것만 잡을 것이고 저수지에서 낚시를 하면 가끔 커다란 것을 잡을 수도 있습니다
　그리고 여럿이 바다에서 커다란 그물로 더 많은 고기를 잡을 수도 있습니다
　그런데 고기를 잡는 기술이 없다면 저수지의 물이 마를 때를 기다리는 것도 훌륭한 방법입니다
　물이 마르면 한꺼번에 잡을 수 있기 때문입니다
　물이 마를 기회를 기다리는 것. 이것이 바로 돈을 한방에 버는 방법입니다

# 사색가(思索家)와 무법자(無法者)가 많아지면 불경기?

"아빠~ 요즘 경제가 어렵대~"
"큰일이네~"
"왜?"
"경제가 어려워지면 좋은 사람들은 사색가(思索家)가 되고 나쁜 사람들은 무법자(無法者)가 되기 때문이야~"
"사색가가 되는 것이 나쁜 일이야?"
"둘 다 생산적이지는 못해~"
"…."

• • • • • • • • • • • • • • • • • • • • • • • • • • • • • • • • • • • • • • • • • • • •

세상이 어려우면 사람들은 현실에서 도피하거나, 현실을 뭉개버리는 일을 합니다

\# 현실에 소극적으로 대응하면 사색가
　현실에 비정상적으로 대응하면 무법자

# 부자(富者)와 빈자(貧者)

부자와 빈자를 비유하자면
비옥한 토지와 황량한 사막으로 말할 수 있다

비옥한 토지는
사계절 눈과 비가 내려 풍부한 강수량으로
다양한 동식물이 자라는 곳이다

내리는 강수량이
소모되는 수량보다 많기 때문에 비옥한
토지가 된 것이다

황량한 사막은
사계절 내내 눈과 비가 내리지 않거나
적게 내려 부족한 강수량으로
동식물이 자라기 힘든 환경을 만드는 곳이다

내리는 강수량보다
소모(증발 등)되는 수량이 많기 때문에 황량한
사막이 된 것이다

비옥한 토지와 황량한 사막은 원래
같은 조건이었으나
강수량의 변화로 바뀐 것이다

사막화가 진행 중인 지역에 대한 소식을
접해보면 그 원인을 알 수 있는 것이다

그런데
사막을 비옥한 토지로 만들기란 엄청나게 어렵다
인위적으로 하기에는 힘들다는 것이다

따라서
사막화 이전에 조치를 취해서 한다
많은 강수량을 준비해야 하고
소모되는 수량을 줄여야 한다

다만
절약보다는 소득이 많아야 한다는 전제가 있다
소비의 절제로 부자가 되는 것보다

소득의 다양화와 그 양으로 부자가 되는 것이
더 현실적이기 때문이다

# 아스팔트를 걷어내지 않으면 물이 계속 부족해

"아빠~ 우리나라는 비가 많이 오는 나라인데도 물 부족 국가로 지정됐대~"

"그건 물 관리를 하지 않아서야~"

"응?"

"그건 마치 돈을 아무리 많이 벌어와도 더 많이 써버리면 부자가 될 수 없는 것과 마찬가지야~"

"아~"

· · · · · · · · · · · · · · · · · · · · · · · · · · · · · · · · · · · ·

비가 많이 와도 아스팔트가 많으면 말짱 도루묵입니다

빗물이 전부 쓸려 내려가기 때문입니다

아스팔트를 걷어내야 빗물을 모을 수 있습니다

돈도 마찬가지입니다

무분별한 소비(消費)라는 아스팔트를 걷어내야 돈을 모을 수 있습니다

# 강수량은 많은 편이나 이용률이 떨어져 물 부족 상태가 된 것입니다
　　이런 경우 아무리 강수량이 많아도 여전히 물 부족 상황은 면할 수 없습니다
　　강수량을 지키지 않고서는 문제 해결이 어렵습니다

## 직불(현금)카드가 신용카드보다 좋은 점

이는 카드사용공제가 유리함을 의미하는
것이 아니다

직불카드는 잔고가 없으면 사지 못한다
반면에 신용카드는 외상구매라서 뭐든지 살 수
있다
이 점이 과소비와 절제되지 못한 소비를 부추기는
것이다

직불카드는 사용이 계획적이다
바로 잔고가 정해져 있기 때문이다
반면 신용카드는 사용 한도를 잔고 없이 늘릴
수 있다
이 점이 무계획적이고 충동적인 구매를 부추기는
것이다

실제로
직불카드를 7년간 써 봤다
초기에 불편함은 이루 말할 수 없었으나,
이제 와서 생각해보니 그동안 절제를 배웠던
것이다

희생 없는 대가가 없듯이

불편함은 나를 편함(대금청구서 없는 삶)으로

안내했던 것이다

## 돈은 내 돈과 네 돈만 있어

"아빠! 부자는 어떤 사람이 되는 거야?"
"부자는 공부를 잘하는 사람이야~"
"공부를 다 잘해야 돼?"
"특히 산수(算數)를 잘해야 돼~"
"왜?"
"내 돈, 네 돈을 구분할 줄 알아야 하기 때문이야~"

· · · · · · · · · · · · · · · · · · · · · · · · · · · · · · · · · · · · · · · · · · · · · · · · · ·

돈의 종류는 크기와 양으로 구분하는 것이 아닙니다
내 것과 남의 것으로만 구분되니까요~


\# 남의 돈은 아무리 많아도 내 돈이 될 수 없습니다
    그런데도 사람들은 돈이 많은 사람들을 바라보며 부러워하기만 합니다
    부러워하기보다 내 돈을 만들려는 노력이 필요합니다
    그러려면 돈의 가치를 알아야 합니다
    돈의 가치를 알아주는 사람이 부자이기 때문입니다

## 소비와 소득

태풍이 드디어 눈을 가졌다
장마와 더불어 태풍이 부니
다소 걱정이다

비와 바람으로 소진하면 태풍의 일생이
마무리된다

지속적인 에너지(수증기) 공급 없이
비를 뿌리고 바람을 일으킨다면
소멸하고 마는 것이다

바다에 있을 때 에너지가 공급되고
육지에 다다르면 에너지 공급이 끊긴다
그리고 태풍이 진행될수록 차가운 기단과
만나니 그 생명력을 더 이상 유지할 수 없게 되는 것이다

자산관리도 마찬가지다
소득 없이 소비만 하는 경우
파산하게 되는 이치다
그리고 소득은 벌 수 있는 때가 한정적이다
마치 태풍이 바다에 위치했을 때와 같다
따라서 유한한 소득 하에서 소비를 줄이는 것은
필수적이다

만약에 태풍이 비를 덜 뿌리고
따뜻한 바다에만 위치한다고 가정하면
끝이 없는 소용돌이로 평생을 살아갈 것이다

그러나 그러지 못한다는 게 현실이다

# 쌀을 가장 크게 만드는 방법

"아빠! 부자는 절약하는 사람이지?"

"그런 편이지~"

"응?"

"무조건 아끼지만은 않는단다. 써야 할 때는 과감하지 쓰지~"

"그럼 어떤 사람이 부자야?"

"아끼는 것보다는 투자하는 사람이지~"

· · · · · · · · · · · · · · · · · · · · · · · · · · · · · · · · · · · · · · · · · · ·

아끼면 가난해지지는 않습니다

그러나 아끼는 것만으로는 부자가 될 수는 없습니다

버는 돈과 쓰는 돈이 한계가 있는 법이기 때문입니다


\# 부자들은 아끼라고만 합니다

    그러나 정작 자신들은 투자로 고민하는 경우가 많습니다

    쌀을 물에 불려서는 커지는 데 한계가 있는 법입니다

    뻥튀기를 해야 그 크기가 놀라울 만큼 바뀝니다

    [소득(所得)과 소비(消費)보다 중요한 것은 투자(投資)]

# 바닷물이 증발할 때 소금기는 없앤다

"아빠! 부자는 쓰지 않고 저축하는 사람이야?"
"꼭 그렇진 않지~"
"왜?"
"돈을 쓰지 않고 움켜쥐기만 하면 경제가 안 돌아. 돈을 어느 정도 써야 투자도 되고 소비도 되는 거야~"
"…?"
"모두가 쓰지 않는다고 다 잘 살 수는 없어. 쓰지 않는다면 물건을 생산할 필요가 없어지지. 그러면 물건을 만들기 위해 공장을 지을 필요도 없고 일하는 사람도 필요 없어지게 돼. 결국, 일하지 않게 되어 소득이 없어지면 모두가 가난하게 돼…"
"…."

· · · · · · · · · · · · · · · · · · · · · · · · · · · · · · · · · · · · · · · · · · · · ·

경제는 잘 돌아가야 합니다
생산과 소비, 저축 그 모든 것이 막힘 없이 잘 굴러갈 때 행복한 세상이 옵니다

\# 지구의 70%는 바닷물입니다
　이런 바닷물이 물이 아까워 증발시키지 않는다면 지구 그 어느 곳에도 비는 내리지 않을 겁니다
　비가 내리지 않으면 생물은 살아갈 수 없습니다
　소금기를 버린 수증기만이 비가 되어 물을 뿌릴 수 있는 겁니다

## 고용을 창출하는 나쁜 방법 : 나눠 먹는 것이 나쁜 이유

골프경기에서 한국캐디는 혼자서
4명 플레이어를 지원한다

기록과 제반 지원은 물론 플레이어 성향까지
맞춤식 고품격의 서비스를 하는 것이다

이에 반해 동남아 캐디들은 캐디 2명 또는
4명이 이 일을 지원한다
그럼에도 불구하고
서비스만족도는 한국캐디에 비해 크게
떨어진다

낮은 캐디피지만 여러 명이며 서비스의 질을
볼 때 결코 낮은 금액이 아니다
그래서 싸다는 생각이 들지 않고
한국캐디의 지원을 그리워하게 된다

고용도 마찬가지다
일자리 창출을 위해 1명의 한국캐디를
4명의 동남아캐디로 교체한다면
고용된 동남아캐디는 소득창출이 되나

고객은 여전히 비슷한 가격을 내면서도
낮은 수준의 서비스 질로 만족도는 크게
떨어져
결국 시간이 지나면 이용을 하지 않게 되어
고용은 거품같이 사라지게 되는 것이다

한국의 고용창출 아이디어가 이런 식이다
장기적 관점이 아닌 일회성 이벤트에 지나지
않아 언 발에 오줌 누기가 되는 것이다

많은 사람들을 만족시키겠다는 방법이
방향을 잘못 잡은 것이다

가난한 집에 많은 자녀들이 집안에 함께
틀어박혀 있어 봤자 좋은 일이 없다
자신의 적성 등을 고려하여 뛰쳐나가서
자립해야 하는 것이다
그런데 어려서부터 배운 기술이나
특기가 없으니 답답할 노릇이다

어떻게 해야 하는지는 이제부터 자신이
알아서 해야 할 일이다

경제(經濟)편 77

# 부자라고 대하(大蝦)로 새우젓을 담가 먹지 않는다

"아빠~ 경기가 안 좋다는 뜻이 뭐야?"
"돈이 잘 돌지 않는다는 거야?"
"왜 돈이 안 돌아?"
"모두가 예전처럼 막 쓰지 않기 때문이지"
"그럼 경기가 좋아지게 막 쓰면 되잖아?"
"그럼 가난해질까 봐 안 해~ 장래가 걱정스러우면 돈을 비축해 두고 쓰지 않거든~"
"…."

· · · · · · · · · · · · · · · · · · · · · · · · · · · · · · · · · · · · · · · · · · · · · · ·

경제의 핵심의 돈의 흐름입니다
흐름이 막힐 때는 뚫어줘야 합니다
그래서 이자율을 낮추거나, 화폐를 더 많이 발행합니다
그럼에도 돈의 흐름이 원활하지 않은 것은 모두가 돈을 움켜쥐고 쓰지 않기 때문입니다
그 이유는 미래가 불안하기 때문입니다

# 경제에 있어서 돈은 우리 몸의 피와 같습니다
   피가 우리 몸 전체를 원활하게 돌아야 건강을 유지하듯이 경제도 돈이 잘 흘러가야 성장하게 됩니다
   돈을 풀어 무턱대고 소비를 강조한다해도 모든 것이 다 잘 되지는 않습니다
   바로 불안이라는 안개를 걷어내지 못한 처방이기 때문입니다

# 동상이 가장 먼저 걸리는 부분

우리 몸은
추워지면
우리 몸에서 가장 쓸모없는 부분에 피를
보내지 않아
동상이 걸리게 한다

보내지 않는 피로 나머지 부분의 체온을
유지시켜 생명을 지켜내는 것이다
이런 행위는 시켜서 하는 것이 아니라
우리 몸이 자동으로 알아서 이뤄지는 현상이다

신체 중 생명과 가장 거리가 먼 곳은 어느 부분일까?
생명과 직관되는 곳은 머리와 몸통이다

그래서 손과 발이 동상에 걸리게 된다

재미있는 것은
남성의 경우 성기(性器)가 가장 먼저 동상에
걸린다는 것이다(의학적 사실)
종족보존의 목표보다
자신의 생명을 지키는 것이 더 중요하기 때문이다

경제(經濟)편 **79**

어려운 시기다

버려야 할 것은 무엇이며

생명연장을 위해서는

무엇이 필요할까?

## 1루는 절대로 훔칠 수 없다

1루는 절대로 훔칠 수 없다
- 레오 마조니(애틀랜타 브레이브스 투수코치)

야구에서 상대를 이기려면 언제나 출루를 해야 한다

그것이 안타나 홈런, 볼 넷, 사구(死球) 또는 상대방 실책 중
하나 이상이어야 하는 것이다

일단 출루하게 되면 후속 안타나 홈런이 아니더라도
득점에 성공할 수 있다
상대실책, 희생타, 도루 등

따라서
상대를 이기는 데
출루가 아주 중요한 요소이다

출루만 한다면 도루를 통해 루(2루, 3루, 홈)를 훔쳐서라도
이길 수 있으나
출루하지 못하면
애초부터 불가능하다

그런데

1루 출루는 절대로 훔칠 수 없다

따라서 자력으로 나가야 한다

(혹은 상대실책)


투자의 개념은 출루이다

또한 이러한 지속적인 출루가 보장된다면 투자에

성공할 수 있다


여기서 출루라고 함은

종잣돈(자산)을 모으거나 투자할 수 있는 일정액 이상의

소득이 항상 있는 것을 의미한다


미세한 수증기가 모여 빗방울을 이루듯이

종잣돈이 모여 커다란 부를 가져오게 되는

이치이다


그런데 모아놓은 돈(종잣돈)과 버는 돈(소득) 중에 어느 것이 더 중요한가?


당연히 종잣돈보다는

지속적이고 체증(遞增)되는 소득을 더 중요시 여긴다

따라서 투자의 성패는 남보다 나은 소득을
전제로 한다

좁쌀이 백 번 굴러도 호박이 한 번 구르는 것보다
못하기 때문이다

내 마음의 집중호우를 기대하며

# 경제란?

경제위기는 돈이 없는 상태에 빠진 것을 말한다
개인도 가정도 회사도 국가도 그렇다

IMF사태에서나 SUBPRIME MORTGAGE사태
또한 돈줄이 말라 생긴 사태다
(엄밀히 말하자면 돈줄이 막힌 것이다)

돈을 더 풀면 되지 않느냐고들 한다
그러면
돈의 값어치가 떨어져 최악의 상황을 만든다
중환자실 환자에게 꽂는 링거 효과밖엔
없다
그러나
아무리 많이 꽂아도 스스로 밥을 먹지 않으면
죽게 된다
너무 꽂으면 꽂을 데도 없을뿐더러 링거로만은
계속 야위어가는 나쁜 결과를 초래한다

중환자실 또는 병원에 가기 전에
건강한 몸을 유지하거나 치유했어야 하는 것이다

대학졸업생이 넘쳐난다

이는 과도하게 풀린 돈같이

그 값어치를 잃는다

이런 이유에서

청년실업 또한 피할 수 없는 운명인 것이다

원인을 알면 치유할 수 있는데 더욱더

극단으로 치닫고 있다

## 선물의 유래에 대한 생각

조선조 헌종(조선 24대 왕) 15년(1848년)
미국이 시카고선물거래소(Chicago Board of Trade)를
개장하여 선물거래를 시작했다는 소식을 듣고
경제사절단을 보내 선물거래를 배워오라고
했다

돌아온 경제사절단은 미국이 선물거래가
활발하여 살기 좋은 나라가 되었다며
조선도 선물거래를 도입하고 확대해야
한다고 보고한다

그런데
이 경제사절단이 크게 실수한 것이 있으니
그것은 선물에 대한 해석이었다

미국의 선물거래는
futures라고 표기하여 미래의 상품을
현재 미리 거래하는 것인데,
조선관리들은
이를 present 또는 gift로 이해하고
그것을 뇌물로 승화시켰다

| 선물(先物) : OK |
| 선물(膳物) : NO |

그 결과

정조대왕 승하 이후 세도정치와

외척세력의 발호로

전국적 탐관오리들의 무자비한

가렴주구(苛斂誅求)와 부정축재로

피폐할 정도로 피폐한 백성들 삶에

종지부를 찍는

마지막 최악의 화룡점정으로

뇌물의 전성기에 획을 그었다


삼정(전정, 군정, 환정)의 문란 등으로

고통스런 백성의 삶은

봉건주의 사회에서 일어나기 힘든

민란의 시대를 맞으니

임술민란(1862년)이 그것이고,

대표적 탐관오리인 고부(전북 정읍)군수 조병갑의

가렴주구 행태와

부정축재에 반기를 들며 시작한

동학혁명(1894년)이

그 좋은 예다

그로 인해 국정은 혼란스럽고
전 백성의 눈빛은 무기력(조선의 남성들은
흡연율 최대였다고 한다)으로 가득 차고
외세에 대항할 조그마한 힘조차
준비되지 않아
나라의 운명을 외세에 맡기는 최악의 상황으로
이어져
결국 패망의 길로 접어든 것이다

미국의 선진 금융거래를 정확히 해석해서
뇌물로만 승화시키지 않고
발전시켰다면
우리나라의 현재와 미래는 더욱
빛났을 텐데
하는 아쉬움을 뒤로 한 채
이제라도 금융강국으로 도약이 필요한
시기라 생각해 분발을 다짐해본다

1848년 올바른 선물거래를 도입했다면
하는 커다란 아쉬움은 옵션도입의 사례로 보면
알 수 있다

미국의 옵션거래가 1973년
CBOE(Chicago Board Option Exchange :
시카고옵션거래소)를 통해 시작되었고

바로 뒤이어
우리나라는 1997년 증권거래소에 세계에서 25번째로
'KOSPI 200'지수를 대상으로 한
'주가지수 옵션시장'이 개장되었고,
2002년 1월 '개별주식옵션'시장이 개설되었으며
1999년 한국선물거래소가 개장되어
2002년 12월 현재 한국선물거래소에서
'KOSDAQ50'지수 옵션, 미국달러옵션,
국채선물옵션 등이 거래되고 있는데,
거래량과 금액의 규모는 가히 세계최대 규모로
성장했다는 것이다
(물론 선물거래도 최대규모이다 이렇게 늦게 시작했어도
세계 최고가 되었는데 더 빨리 시작했더라면~)

170여 년 전에 선물(실제로는 1999년 도입)이
도입되었더라면 하는
진한 아쉬움이 남을 수밖에 없다

# 계절(季節)편

"아빠! 저것 봐! 비가 와!"
"그래서 비 구경하고 있는 거야?"
"응!"
"비도 보면서 비 내리는 세상도 한번 보렴!"

# 대기만성(大器晩成)의 깊은 뜻은?

"아빠! 봄에는 어떤 꽃이 제일 먼저 펴?"
"성격이 급하고 안달난 꽃이 제일 먼저 피지"
"무슨 꽃인데?"
"진달래, 개나리, 목련, 벚꽃들이야~"
"뭐가 그리 급해서 먼저 피는 거야?"
"글쎄… 얼마나 급한지 잎새가 나기도 전에 피고 잎이 나면 금방 꽃이 시들고 말지"

. . . . . . . . . . . . . . . . . . . . . . . . . . . . . . . . . . . . . . . . . .

봄이 오면 앞다퉈 많은 꽃이 핍니다
먼저 피는 꽃은 여럿이 있어야 보기가 좋습니다만
장미가 피는 시절은 5~6월입니다
혼자서도 너무나도 멋진…

# 내가 살아가는 동안 같이 추는 군무(群舞)를 할 것인가?
　아니면 혼자 추는 독무(獨舞)를 할 것인가?
　자신이 판단하고 선택해야 하는 문제입니다
　깊이가 부족하면 금방 바닥이 드러나는 것처럼 자신을 가꾸는 일은 평생을 다해 노력해야 합니다

**대기만성(大器晩成)** : 큰 그릇을 만드는 데는 시간이 오래 걸린다는 뜻으로, 크게 될 사람은 늦게 이루어짐을 이르는 말.

## 하이라이트는 다른 것을 못 보게 해

"아빠! 저것 봐! 비가 와!"

"그래서 비 구경하고 있는 거야?"

"응!"

"비도 보면서 비 내리는 세상도 한번 보렴!"

· · · · · · · · · · · · · · · · · · · · · · · · · · · · · · · · · · · · · · · · · · · · · · ·

우리가 비를 보는 것인지 비가 내리는 풍경을 보는 것인지 잘 모를 때가 있습니다

그러나 분명한 것은 비는 잠깐 등장한 것이고 세상 풍경은 그대로 있다는 것입니다


\# 주인공에게만 열중하면 다른 것을 볼 수 없습니다

　하이라이트를 보면 더 재미있는 부분을 놓치게 됩니다

　마치 영화를 추려서 보는 것이 감상이 될 수 없듯이 말입니다

　가끔은 다른 것도 봐야 합니다

　다른 것이 훨씬 가치가 있을 수 있기 때문입니다

# 낮은 곳의 물이 높은 곳의 물보다 힘을 발휘한다

"아빠! 고기압, 저기압이 뭐야?"
"응, 고기압은 주변보다 중심으로 갈수록 기압이 높은 것을 말하고 저기압은 반대야!"
"그리고?"
"고기압에서는 바람이 불어나가고 저기압은 불어 들어오지!"
"그렇구나"

· · · · · · · · · · · · · · · · · · · · · · · · · · · · · · · · · · · · · · · · · · · · · · · · · ·

자신을 낮추면 바람이 불어 들어오고 자신을 높이면 불어나갑니다
그러나 그 영향력은 반대입니다.
고기압은 주변에 영향을 미치고 저기압은 주변의 영향을 받으니…

\# 자신을 물을 받아내는 기구라고 생각할 필요가 있습니다
   물을 잘 받으려면 자세를 낮춰야 합니다
   그리고 많은 물을 받아놓아야 다른 이들에게 물을 나눠줄 수 있는 것입니다

## 먼저 하면 힘들지만 가치가 있는 법

"아빠! 봄이 오면 여기저기서 새싹이 트잖아?"

"그렇지!"

"그런데 지난번 눈이 와서 먼저 튼 새싹이 안쓰럽게 보였어!"

"괜히 먼저 펴서 고생만 하네? 4월에 트면 안전할 텐데!"

"…."

..................................................

만들어진 길을 따라 걸어갈 것인가?

아니면 길을 만들어 걸어갈 것인가?


\# 먼저 하는 일은 언제나 어렵습니다

　남이 하지 않는 일을 하는 것도 마찬가지입니다

　그러나 무엇보다도 값진 일이 될 수 있습니다

## 서열이 없으면 싸움, 생기면 평화

"아빠! 장마는 왜 생기는 거야?"
"몰려오는 더위를 막으려고 마지막까지 버티는 봄의 눈물인지도 모르겠네?"
"왜?"
"장마가 끝나면 본격적으로 더워지잖니? 그럼 바로 한여름이잖아!"
"그럼 장마가 끝나지 않으면 더위는 오지 않아?"
"그럴지도 몰라"

· · · · · · · · · · · · · · · · · · · · · · · · · · · · · · · · · · · · · · · · · · · · · · · · · · · · · · ·

씨름선수들의 경우 힘의 균형이 팽팽할 때 땀이 나듯이 비도 그렇습니다
이윽고 균형이 깨지면 평화가 오는가 봅니다
지는 자가 조용히 물러날 경우…


\# 시끄럽다는 것은 아직 정리가 되지 않았다는 뜻입니다
    정리가 되면 아주 편안한 평화가 찾아옵니다
    내 마음도 혼란스럽다면 아직까지 욕구가 남아 있어서일 겁니다
    욕구를 없애고 안정을 찾아야 합니다

# 계절을 맞이하는 자세

다가오는 봄을 이기는 겨울은 없다

성하(盛夏)의 계절을 버텨내는 봄 또한 없다

그리고 뜨거운 여름을 이겨내는 것이 서늘함이다

서늘함은 언제나 그 극치인 겨울을 맞이할 수밖에 없다

영속하는 것은 없다

또한 사라지는 것도 없는 것이다

언제나 반복되니

너무 흥분하거나 서운해할 일은 없는 것이다

다만, 그때그때 열정을 쏟아 넣을 필요가 있다

다시 오는 계절이지만,

지나간 계절을 또다시 만날 수는 없기 때문이다

## 기념일을 없애면 더 뜻깊을 거야

"아빠! 이제 가을이야! 가을은 독서의 계절이라며?"
"응! 책 읽기 아주 좋은 날씨지!"
"가을엔 책을 반드시 읽어야 돼?"
"…"

• • • • • • • • • • • • • • • • • • • • • • • • • • • • • • • • • • • • • • • • •

기억하고자 하는 날이 없었으면 좋겠습니다
얼마나 기억을 하지 않았으면 날짜를 정해서 강요하듯이 저러겠습니까?

# 기념일은 자꾸 잊어버려서 생겨난 날입니다
  그래서 기념일은 만들어진 날 이미 그 의미를 잃게 되는 것입니다

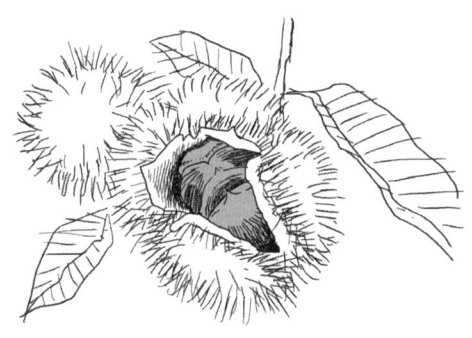

# 햇빛은 활기를 불러와

"아빠! 변화하는 것이 좋은 거야?"
"매일매일 날씨를 보면 느낄 수 있잖니? 비 오는 날, 더운 날, 눈 오는 날, 바람 부는 날… 매일 바뀌지 않는다면 아마 산에 있는 나무나, 짐승들은 살아갈 수 없을 거야!"
"왜?"
"가령 바다의 수분이 열기에 의해 증발해야 비가 되고, 비가 하천을 이루고, 하천이 강물이 되고, 강물은 바다로 다시 돌아가야 해. 안 그러면 비가 내리지 않아 생물들은 다 죽어버릴 거야. 변화가 있어야 생명을 이어갈 수 있는 거야!"
"그럼 변화는 생명이네!"
"그럼, 그렇고 말고!"

· · · · · · · · · · · · · · · · · · · · · · · · · · · · · · · · · · · · · · · · · · · · ·

모두들 변화하지 않는 것이 있다고는 하지만, 그것은 잘 모르고 하는 소리입니다
변화하고 있는 것을 단지 느끼지 못할 뿐…
만약에 변화하고 있지 않는다면 현재 살아있지도 않기 때문입니다

\# 햇빛의 열기가 생동이라는 것을 만들어 줍니다
   인간도 열정을 쏟아야 생동이라는 것을 만들어 줄 겁니다

# 바람은 활기를 얻었기에 움직이는 거야~

"아빠! 바람은 왜 불어?"
"그건 아마 있던 자리가 싫어서이거나 다른 곳으로 가고자 하기 때문일 거야!"
"엉?"
"…"

......................................................

새로운 바람이 불 때면 더 나은 자리를 위해서일 겁니다

# 안주(安住)하려고 하면 활기를 잃습니다
  활기를 가진 사람은 안주할 수 없습니다
  언제나 새로운 일을 추진하기 때문입니다
  활기 없는 사람은 언제나 발전하는 모습을 보이기 힘듭니다

## 주인공은 언제나 나중에 나타나~

"아빠! 천둥, 번개가 치니까 너무 무서워!"
"으응 그래~"
"아빠! 번개하고 비 중에 누가 더 세?"
"글쎄다! 번개가 더 센가?"
"아냐 비가 더 센 것 같아!"
"왜?"
"왜냐하면 번개가 치고 나서 비가 오잖아! 뒤에 오는 것이 더 무섭거든…"
"…"

· · · · · · · · · · · · · · · · · · · · · · · · · · · · · · · · · · · · · · · · · · · ·

물이 가장 센 것 같습니다
없애려고 해도 없어지지 않거든요
불로 없애려고 해도 물은 수증기로 증발하였다가 다시 살아납니다
진정 강한 것은 없어지지 않는 것일 겁니다

\# 불은 타고 나면 재가 되어 없어지지만 물은 그렇지 않습니다
　불같은 사람이 되면 나와 남을 태워버리고 결국은 모두 사라지게 만듭니다
　그러나 물 같은 사람이 되면 결코 없어지지 않고 무엇에나 담길 수 있는 사람이 되니 물 같은 사람이 되었으면 합니다

# 겉모양에 치중하면 속을 채울 수 없어~

"아빠! 날씨는 이상해!"
"왜?"
"어느 날은 맑았다가 또 어느 날은 갑자기 비가 오고 천둥도 치고 번개도 치고 그러니 말이야!"
"그래도 구름 위는 아무런 변화도 없는걸!"
"…."

· · · · · · · · · · · · · · · · · · · · · · · · · · · · · · · · · · · · · · · · · · · · · · ·

우리는 겉모양만 보고 살아갑니다
친구를 만나도 말과 행동으로 그 사람을 판단하곤 합니다
부모님도 경우도 마찬가지입니다
부모님의 말씀과 행동으로 우리는 전체를 파악하려 합니다
부모님의 마음은 변화가 없는데도 말입니다


\# 화려한 색상을 자랑하는 꽃들이 나비와 벌들을 부르지만, 정작 향기가 없다면 아무도 찾지 않을 것입니다
겉모습으로만 치장하지 말고 향기 나는 사람이 되어야 합니다

## 말보다 본색을 알아내야 해

"아빠! 안개는 왜 끼는 거야?"
"정확히 말해서 안개는 내리는 것이라 볼 수 있어!"
"왜?"
"작은 물방울이 힘이 없어서 떠돌아다니니까 내리는 것 같지 않지!"
"힘이 없으면 그래?"
"응, 그러나 안개는 물이야. 마치 비와 같지!"

• • • • • • • • • • • • • • • • • • • • • • • • • • • • • • • • • • • • • • • • • • • •

속성은 힘에 의해 감춰집니다.
속성을 파악하지 않고 그대로 대응하면 안 됩니다
감춰졌지만 바뀌진 않았기 때문입니다

\# 안개는 물이지만 공기 중에 있습니다
　얼음은 물이지만 모든 것을 얼릴 수 있습니다
　증기는 물이지만 날아다닐 수 있습니다
　이처럼 물은 여러 형태로 나타나나 본성은 같습니다
　여러 가지로 나타날 수 있는 내가 세상에는 필요합니다

# 높이 날려면 힘이 있어야 돼

"아빠! 하늘을 보니까 오늘 비가 많이 올 것 같아!"
"그렇네!"
"아빠! 얼마나 많이 올까?"
"그건 네가 보는 하늘만 봐서는 안 돼! 저 멀리 보이지 않는 하늘로부터 구름이 움직이는 것을 봐야 알 수 있단다!"

· · · · · · · · · · · · · · · · · · · · · · · · · · · · · · · · · · · · · · · · · · · · · · · ·

내가 보는 이 자리에서는 단순한 현상만을 보게 됩니다
왜, 어떻게, 언제까지, 얼마나, 언제 등의 의문을 해소하기 위해서는 멀리 크게 봐야 할 겁니다

\# 높이 날면 잘 볼 수 있다는 것을 알지만, 사람들은 높이 날려고 하지 않습니다
　높이 나는 것이 힘들기 때문입니다
　그러나 절벽에서 떨어져 본 적이 없는 어린 새는 높이 날 수 없는 것처럼 힘든 것은 당연한 과정일 뿐입니다

## 휴식은 또 다른 집중의 시작~

"아빠! 날씨가 더우면 저렇게 밖에 나오나 봐!"
"그렇네!"
"왜 그러는 거야?"
"바람을 쐬려고…"

．．．．．．．．．．．．．．．．．．．．．．．．．．．．．．．．．．．．．．．．

마음에 들지 않을 땐 바람을 한번 맞아 보세요!
새 기분이 들 겁니다
아마도 바람으로 마음에 들지 않았던 것이 다 날아가서 그런가 봅니다

# 일이 잘 풀리지 않을 때는 그 일과 다른 일을 한번 해보는 겁니다
  그러면 의외로 해결책을 찾을 수 있습니다

## 음식은 계절과 궁합이 맞아야~

봄은 따뜻한 음식을 먹어야 한다
금방 지은 밥과 따뜻한 봄나물 국이 제격이다

여름은 뜨거운 음식을 먹어야 한다
팔팔 끓인 삼계탕과 뜨거운 육개장이 제격이다

가을은 서늘한 음식을 먹어야 한다
식은 밥에 갖은 나물과 들기름을 곁들이면 제격이다

겨울은 차가운 음식을 먹어야 한다
차가운 동치미 국물에 말은 국수나 냉면이 제격이다

이처럼 계절의 따라 알맞은 음식을 먹어야 한다
계절과 역행하는 음식을 먹어서는 안 되는 것이다

# 채우는 사람보다는 넘쳐나는 사람이 되어야

"아빠! 비가 오는 이유가 뭐야?"
"그건 구름이 물을 많이 먹었기 때문이야!"
"그래서 비가 오는 거야?"
"그럼~ 구름이 갖고 있기엔 너무 주체할 수 없거든!"
"아하~"

· · · · · · · · · · · · · · · · · · · · · · · · · · · · · · · · · · · · · · · · · · · · · · · · ·

넘쳐나면 자연히 흐릅니다
그것이 원리죠
그러나 사람은 그렇지 않습니다
넘쳐나도 흘려주질 않습니다

\# 재산이 넘쳐났으면 좋겠습니다
   따뜻한 마음이 넘쳐났으면 좋겠습니다
   그리고 그것이 흘러 퍼졌으면 좋겠습니다

# 두 개를 다 가질 수는 없어

"아빠~ 가을엔 낙엽이 많이 져서 앙상해 보이니까 볼품이 없네~"
"그래도 가을엔 낙엽을 많이 떨어뜨려야 해~"
"왜?"
"그래야 봄에 많은 꽃을 피울 수 있거든…."

· · · · · · · · · · · · · · · · · · · · · · · · · · · · · · · · · · · · · · · · · · · · · · · · · · ·

버리지 않고 얻을 수 있는 것은 없습니다
공부해서 1등이 되는 것은 시간을 버렸기 때문이고
아빠가 돈을 벌어 오는 것은 시간과 노력을 버렸기 때문이고
성공하는 사람들은 열정을 불태워 버렸기 때문입니다
그래서 가을엔 낙엽을 많이 떨궜기에 봄에 꽃이 많은 것입니다

# 나무는 자기를 태워 빛과 열을 만듭니다
　인간에게 욕심주머니가 있습니다
　그 주머니는 언제나 꽉 차 있기 때문에 그중에 무엇인가를 버리지 않으면 다른 것을 채울 수 없습니다
　버리지 않으면 얻지 못하게 되는 이치입니다

# 눈이 오면 땅은 오히려 따뜻해진다

"아빠~ 눈이 오면 세상이 따뜻해진다고 하는데, 왜 그래?"
"그건 눈으로 추위를 덮어주기 때문이야~"
"눈이 오면 더 추운 게 아니고?"
"보리 싹은 눈으로 덮어줘야 겨울을 무사히 지내고 봄에 열매를 맺을 수가 있지~ 만약에 눈이 없었다면 열매를 맺기 어려웠을 거야~"
"때론 시련이 필요할 때가 있는 거구나~"
"…"

· · · · · · · · · · · · · · · · · · · · · · · · · · · · · · · · · · · · · · · · · · ·

평탄한 과정 속에 아무런 일없이 일궈내는 성과는 없습니다
소설의 기승전결(起承轉結)이 있듯이 부침과 시련이 있어야 성과가 더욱 값질 수 있습니다
이제 시련은 고난이 아니라 나를 만들어 주는 자양분이 되는 것입니다

# 자갈이 매끄러운 것은 바람과 파도 등 거친 세월을 견뎠기 때문입니다
　 땅속에 묻혀있는 바위가 거친 것은 이러한 거친 세월을 겪지 않았기 때문입니다
　 이겨내는 방법도 있으나 견뎌내는 방법도 이겨내는 방법 못지않게 중요한 것입니다

**기승전결(起承轉結) :** 기는 이야기의 시작, 승은 이야기의 전개, 전은 이야기의 전환, 결은 이야기의 끝맺음

# 동물(動物)편

"아빠! 기러기는 왜 V자로 날아가?"
"응, 기러기는 협동심과 동료애가 아주 강한 새야!
누군가 앞장서서 길을 헤쳐나가면 나머지가 따라오는 거야!
그러다 앞서가던 새가 지치면 뒤에 있는 새가 그 자리를 대신하면서 날아가!"
"모든 기러기가 다 그래?"
"그럼"

# 맛보면 욕심이 생겨

"아빠! 맹수들은 왜 고기를 제대로 씹지도 않고 그냥 먹어?"
"그건, 다른 동물에게 뺏길까 봐 빨리 먹어 치우는 거야!"
"그럼 맛이 나? 고기는 씹을수록 맛있는데…"
"…"

∙∙∙∙∙∙∙∙∙∙∙∙∙∙∙∙∙∙∙∙∙∙∙∙∙∙∙∙∙∙∙∙∙∙∙∙∙∙∙∙∙∙∙∙∙∙∙∙∙∙

씹지 않고 먹는 것이 맛은 없어도 더 순수할지도 모릅니다
동물은 맛을 음미하면서 먹지 않습니다
생존과 경쟁 때문에 먹을 뿐입니다

\# 먹는 것을 음미하면 욕심이 생겨납니다
　동물은 맛으로 먹는 것이 아니라 생존을 위해 먹기 때문에 별다른 욕심이 없습니다
　사람의 욕심이 생겨나는 이유는 음미하기 때문입니다
　너무 음미하면 욕심에 눈이 어두워집니다

## 사자는 사냥감을 잡아 다 먹어 치우지 않는다

사자는 오랫동안 굶지만 않았다면
사냥감의 가장 연한 부분인 내장과 고기 등만
먹고 떠나간다

그 뒤를 하이에나나 리카온 또는 독수리가 다가와
뼈와 나머지 부분을 먹어 치운다

그리고 남은 마지막 부분은 미생물이 처리한다

만약에 사자가 잡은 먹잇감을 하나도 남김없이
다 먹어 치운다면 자연계의 질서는 흐트러질
것이다
(물론 이런 일은 발생하지 않는다
사자는 하이에나처럼 뼈를 먹을 수 있는
강한 턱 힘도 없으며 그 뼈를 소화시킬 능력도
없다
그리고 독수리처럼 뼈에 붙은 살점을 정교하게
발라먹을 능력도 없다)

다 먹지 않고 남겨두는 자세~

그런데

인간은 그렇게 하지 못한다

모두 가지려는 욕심이 있기 때문이다

그러나

그럼에도 불구하고

인간만이 자기 것을 나눠줄 수

있는 능력이 있다

올해에는

이러한 인간의 능력을 믿어보자

조금 더 따뜻한 사회를 위해~

## 큰일만 해서는 안 돼

"아빠! 기러기는 왜 V자로 날아가?"
"응, 기러기는 협동심과 동료애가 아주 강한 새야! 누군가 앞장서서 길을 헤쳐나가면 나머지가 따라오는 거야! 그러다 앞서가던 새가 지치면 뒤에 있는 새가 그 자리를 대신하면서 날아가!"
"모든 기러기가 다 그래?"
"그럼"

· · · · · · · · · · · · · · · · · · · · · · · · · · · · · · · · · · · · · · · ·

기러기는 모두 그런데 사람은 모두 그렇지 못합니다
모두가 리더가 되려고만 합니다

# 어린이들에게 장래 희망을 물어보면 모두 리더의 위치에 해당하는 사람이 되겠다고 합니다
  그러나 모두가 리더가 될 수 없기에 한낱 꿈에 불과한지도 모르겠습니다
  모두가 머리가 되려고 한다면 몸통과 팔, 다리가 없는 동물을 그려야 합니다
  교육과 소질의 계발은 모두를 머리로 만드는 계획이 아닙니다
  우리의 교육이 머리가 많이 달린 동물을 그려내라고 가르치는 것 같아 씁쓸합니다
  지구상에 벌들과 개미들이 아직까지도 건재하게 존재하는 이유가 공동체 생활을 하는 것이었고, 각자의 맡은 임무를 충실하게 수행했기 때문입니다

## 길들여졌다는 것은 야성을 잃었다는 뜻

"아빠! 저기 비둘기들은 사람들하고 친한가 봐!"
"왜?"
"먹이를 주니까 그 곁을 떠나지 않고 계속 있잖아! 배고프지도 않을 테고…"
"근데 저렇게 자꾸 주다가 안 주면 비둘기는 뭘 먹고 살지?"
"글쎄… 주지 않으면 굶을 것 같아! 그럼 어쩌지?"

. . . . . . . . . . . . . . . . . . . . . . . . . . . . . . . . . . . . . . . . . . . . . . . . . .

자기의 능력을 과소평가하거나 미지의 세계가 두려워 피하는 경우가 있습니다
결국 할 수 있는 것을 못하는 결과가 나타나는 경우입니다

\# 익숙하면 편하겠지만, 그것은 나의 발전을 가로막는 유일한 적입니다
　가끔은 자주 다니던 길이 아닌 곳으로 가보는 것도 필요합니다

## 개미는 죽을 때 반드시 오른쪽으로 쓰러진다?!

생물들에게 법칙이 존재하는 것 같다

코끼리가 죽을 때 한 곳에 가서 죽듯이…

인간에게도 이러한 법칙이 있을까?

죽을 때 후손들의 공정한 경쟁을 위해 재산의 대부분을
사회에 환원하는 등의 법칙~

워런 버핏은 재산의 80%를 빌 게이츠와 멜린다 재단에
기증할 예정이다
마크 저커버그 또한 재산의 99%를 사회에 환원한다고 한다

프로 강태공은 잡은 고기를 전부 놓아준다

아마추어만이 잡은 고기를 가져오거나 잡아먹는다

우리 사회가 아직 성숙하지 못해 발생하는 문제일 수도
있다
(그러나 사회환원(社會還元)과 가업승계(家業承繼)는 달리 조명해야 한다
기업에 있어서 가업승계는 경제의 선순환을 가져오기 때문이다)

# 비교하는 순간 불행해진다

"아빠! 세상에서 입이 젤 큰 건 뭐야?"
"글쎄… 하마도 있고, 악어도 있고, 고래도 있고…"
"그 중에서 고래가 젤 크겠네?"
"그렇지! 근데 어떻게 보면 자기 몸에 비해서 입이 큰 것이 더 크다고 할 수도 있어!"
"…"

· · · · · · · · · · · · · · · · · · · · · · · · · · · · · · · · · · · · · · · · · · · · · · ·

우린 너무나 절대적인 것에 익숙해 왔습니다
그러나 상대적인 것에도 관심을 가지면 대수롭지 않은 일에 기쁨을 누릴 수도 있을 겁니다

\# 남과 비교하여 남보다 못하다는 것을 인지한 순간 불행이 옵니다
　남보다 더 나은 점이 있음에도 인간의 욕심은 그 점을 잊게 만듭니다
　똑같은 상표의 옷과 신발을 입고 신는 것은 불행하지 않으려고 하는 행동이지만 사실은 불행을 모르는 행동입니다

## 가장 중요한 것을 버리면 안 돼

바퀴벌레는 머리가 잘려도 10여 일을 살 수 있다
그리고 10여 일 후에 죽는 단 하나의 이유는
먹지 못해 영양공급이 되지 않아서라고 한다

좀비도 머리가 없으면 또다시 죽던데…

사람에게 가장 중요한 신체는 머리와 몸통이라서
둘 중 하나만 없게 되어도 사망하게 되나

바퀴벌레는 가장 중요한 부분이 머리가
아닌 몸통인 것이다
그래서 머리가 잘려나가도 살 수 있는 것이다

지금은 경제활동과 생활이 어려운 때이다
그러나
어려운 시기에도 중요한 것만 잃지 않는다면
살아남을 수 있다

만약에 금융인이라면 그에게 가장 중요한 것은 신뢰이다
다른 것은 다 버려도
신뢰만은 버리지 말자
이러는 단 하나의 이유는 살아남기 위해서이다

# 나무늘보는 잡아 먹히지 않는 법이다

"아빠! 제일 느린 짐승이 뭐야?"
"그건 거북이가 있는데, 아~ 참! 그래도 나무늘보가 가장 느린 것 같아!"
"게으르면 살아가기 힘들다며?"
"그런데 오히려 너무 느려서 잘 사는 경우도 있단다!"
"…"

· · · · · · · · · · · · · · · · · · · · · · · · · · · · · · · · · · · · · · · · · · · · ·

개성이 존중되는 사회입니다
과연 나는 어떤 개성을 가지고 있을까?
아니 그것보다는 어떤 개성을 가져야 될까 고민할 때입니다

\# 게으른 습관이 창조의 어머니가 되기도 합니다
    사람은 누구에게나 저마다의 능력이 있습니다
    내 눈높이에서만 보면 그 능력이 우습게 보일지는 모르나 결코 우스운 것이 아닙니다

## 바퀴벌레는 죽을 때 꼭 뒤집어져서 죽는다

사람을 보고 가만히 있는 바퀴벌레는 죽은 듯하지만 뒤집어지지 않았기 때문에 살아있다
그리고 바퀴벌레는 죽기 전에 꼭 알집을 몸에서 떼어놓고 죽는다
후손을 살리기 위한 수단이다

사람 중 남자는 물에 빠지면 엎어져서 죽는다고들 한다
이런 사실은 어린 남자아이도 예외는 아니다
여자는 누워서 죽는다고 한다

왜 그런지는 잘 모르겠다

그런데 사람들은 죽을 때 후손을 위해 무엇을 남겨 두고 죽는가?
남겨 둘 것이 전혀 없다면 보험이 그 유일한 유산이 될 수 있다

## 신체 중에 가장 나쁜 것, 그리고 가장 아름다운 것

"아빠! 동물들을 옮길 때 왜 눈을 가리는지 알아?"

"안정감을 주려고 그러는 거 아냐?"

"아냐! 못된 짓을 하지 못하게 눈을 가리는 거야!"

"왜?"

"나쁜 짓을 할 때 혈안(血眼)이 된다고들 하잖아! 눈은 나쁜 짓을 하기 위한 척후병(斥候兵)이야!"

"…."

· · · · · · · · · · · · · · · · · · · · · · · · · · · · · · · · · · · · · · · · ·

눈은 마음의 창이라고 합니다

눈빛에서 선악을 구분할 수도 있습니다

포로들도 눈을 가리면 아무 짓도 하지 못합니다

눈을 통하여 마음을 먹기 때문입니다

\# 눈은 모든 것을 볼 수 있습니다

　　나쁜 것, 좋은 것~

　　그래서 욕심이 생깁니다 어떤 것을 취하면 좋은지 알기 때문입니다

## 사람의 허파는 오른쪽보다 왼쪽이 더 무겁다

사람의 허파는 오른쪽보다 왼쪽이 더 무겁다고 한다

만약에 사람의 허파가 똑같다고 가정해 보자
기능을 다하면 동시 폐기를 해야 하는 운명을
가질지도 모른다

마치 자동차 바퀴가 앞과 뒤를 교체해서 오래
견디는 것과 같은 원리이다

인체의 과학이 신비롭지 아니한가?

남자의 고환을 예로 들어보자

고환은 똑같은 위치에 있지 않다
오른쪽이 왼쪽보다 내려가 있다
이는 똑같은 위치(높이)에 있는 경우
서로 부딪쳐서 다칠 수 있는 위험을
제거해 주는 역할을 해 준다고 한다

정말 놀랍지 아니한가?

## 동물의 세계엔 경찰이 없다

"(동물세계 TV프로를 보며) 아빠! 저 불쌍한 임팔라 새끼를 치타가 잡아먹으려고 해!"
"응"
"저런 장면을 촬영하면서 왜 도와주지 않는 거야?"
"그게 자연의 섭리잖니! 인간이 개입하면 그게 무너지거든!"
"그럼 인간세상도 그런 거야? 힘없는 약자를 강자가 괴롭혀도 자연의 섭리거니 생각하고 외면해도 돼?"
"…"

· · · · · · · · · · · · · · · · · · · · · · · · · · · · · · · · · · · · · · · · · · · ·

글쎄요~ 그러면 안 될 것 같은데요~
동물은 더 잘 살려고 하는 짓이 아닙니다
다만 생존하려고 하는 본능밖엔…
그러나 인간은 다릅니다
끝없는 욕망으로 다른 이를 괴롭히기 때문입니다

# 동물 중 유일하게 경찰이 있는 경우는 인간입니다
  동물의 세계는 약육강식(弱肉强食)의 논리가 질서이고 인간의 세계는 법치의 논리가 질서이기 때문입니다

## 팔방미인이 살아가기 힘든 이유

"아빠! 동물은 재난이 일어나기 전에 먼저 피한다고 해!"
"그건 아마 본능이 발달해서 그럴 거야!"
"왜 사람은 모르지?"
"생각을 많이 해서 본능이 없어진 거야!"
"응? 많이 하면 좋은 거잖아?"
"쓸데없이 여러 생각을 많이 해서 오히려 재능이 사라진 거라고!"
"…."

· · · · · · · · · · · · · · · · · · · · · · · · · · · · · · · · · · · · · · · · · · · · · · · ·

신이 사람에게 생각하는 힘을 주었기에 본능을 거두어 간 것 같습니다
본능이 사라진 인간에게 그것이 재앙이 될지 아닐지 궁금합니다

# 팔방미인(八方美人)이 아무것도 못 한다?
  무엇이든 잘할 수는 없습니다
  그럴 수도 없을뿐더러 그래서도 안 됩니다
  그러나 그 어떤 것은 잘해야 합니다
  그리고 잘하도록 노력해야 합니다
  나에게 그 어떤 것은 무엇일까요?

# 수컷과 암컷의 본능

수컷에게는 암컷을 차지하려는
수컷의 본능이 있고

암컷에게는 수컷에게 사랑받으려는
암컷의 본능이 있다

그래서
수컷은 자기 소유의 것을 지키기 위해
위협되는 대상을 경계하고 싸우는 것이고

암컷은 사랑을 빼앗기지 않기 위해
경쟁자에게 질투와 시기를
보내는 것이다

사람도 마찬가지일까?

자기 소유의 것을 지키기 위해,
사랑을 독차지하기 위해 질투하고~

사랑이란 이름으로
포장하여
수컷과 암컷을 차지하기 위해 싸우고
시기하는 것은 아닐까?

## 독수리는 걸을 때보다 날 때가 더 멋있는 법이다

"아빠~ 능력이 있는데 능력을 발휘하지 못 하는 사람은 너무 안타까워~"
"그래~ 새는 창공을 날 때가 가장 멋있지~ 새가 걸어 다니면 모양이 나지 않거든…."
"조류는 날아야 하고 육상동물은 뛰어야 하고, 수중동물은 헤엄쳐야 하지?"
"그럼~"

· · · · · · · · · · · · · · · · · · · · · · · · · · · · · · · · · · · · · · · · · · · · ·

알바트로스는 육상에서 뒤뚱뒤뚱 걸어서 볼품이 없습니다
그러나 하늘을 날 때는 커다란 날개 덕에 멋지게 날 수가 있습니다
만약에 알바트로스가 육상에서도 잘 걸을 수 있도록 노력한다면 잘 걸을 수도 없겠지만, 잘 걷게 된다면 나는 법을 잊어버릴 수도 있습니다

\# 동물들은 각자 자기가 잘하는 것이 있습니다
　그런데 사람들은 모든 것을 잘하려고 하다가 결국은 아무것도 잘하는 것이 없는 것으로 전락되기 일쑤입니다
　무슨 일이든지 잘하는 분야를 발전시킨다면 두루두루 잘하는 것보다 훌륭해질 수 있습니다

## 파리를 전자레인지에 넣고 돌려도 파리는 죽지 않는다

파리를 전자레인지에 넣고 돌려도 파리는 죽지 않는다고 한다

왜 그럴까?

전자레인지는 마이크로파를 쏴서 음식을 데운다
그런데
이 마이크로파는 고정된 몇 줄기 광선이라서
전자레인지 안의 둥근 판 위에 음식을 놓으면
둥근 판이 돌아가면서 음식에 광선을 쐬게 하는
원리이다

그러므로 광선이 닿지 않는 사각지대가 있으며
그 안에 있으면 죽지 않는다는 것이다

또한 파리의 눈에 광선이 보여서 피할 수 있기에
가능한 것이다

호랑이에게 물려가도 정신만 차리면 산다는 말은
진실이다
대부분이 포기하기에 죽는 것이다

우리 인생에서 수많은 포기를 겪으며 살아간다
포기하는 것이 편하기 때문이다

그러나
편한 대신 어려움을 맞이해야만 한다

그래서
모든 어려움은 포기에서 비롯된다고 볼 수 있다

사지에 몰려도
끝까지 포기하지 않는다면 승리하는 삶을 누릴 것이다

# 예절(禮節)편

"아빠! 냄비근성이란 게 뭐야?"
"그건 조그만 일에도 들끓듯이 야단법석을 떨다가도
이내 잊어(식어)버리고 마는 성격을 말해!"
"그런 성격은 좋은 거야?"
"뜨거워야 뜨거운지 알고 아파야 아픈지 알고,
힘들어야 힘든지 아는 것이 얼마나 미련한 일이니?
미리 알아서 준비하는 것이 더 현명하잖니?"

# 모두가 편한 게 좋아? 나만 편한 게 좋아?

"아빠! 줄서기를 하면 정말로 편한 거야?"
"그러~엄"
"모두가?"
"…."

· · · · · · · · · · · · · · · · · · · · · · · · · · · · · · · · · · · · · · ·

새치기하는 사람만이 편할지도 모릅니다
그 탓에 다른 사람들은 더더욱 불편할 테고…

# 새치기를 할 때는 믿음이 필요합니다
    다른 사람들은 조용히 줄을 서 있어야 한다는 전제가 필요한 것입니다
    난폭운전도 마찬가지입니다
    모두가 정상속도와 규정대로 달리고 있다는 전제하에 난폭운전이 가능한 것입니다
    모두가 정상일 때 나만의 이익을 위해 저지르는 행동, 그것은 반사회적 행위입니다
    그래서 누군가가 제재해야 하는 것입니다
    제재하지 않으면 그런 행위는 영원히 멈추지 않습니다

# 이기주의자는 청개구리

"아빠! 사람은 왜 함께 사는 거야? 혼자 살아도 되잖아?"
"그건 사람이 너무 약하기 때문에 서로 의지하며 살려고 해서야!"
"그럼 서로 의지하고 살고 있는 거야? 저렇게 싸움하는 사람은 뭐고?…"
"….."

• • • • • • • • • • • • • • • • • • • • • • • • • • • • • • • • • • • • • • • • • •

기회주의자는 모두가 어려울 때 자신만을 돌보는 사람입니다
이기주의자는 모두가 어렵지 않더라도 자신만을 돌보는 사람입니다
이런 사람들 때문에 느리고 착한 사람들이 항상 피해를 봅니다

\# 바이러스 때문에 컴퓨터가 느려지는 경우가 있습니다
　기회주의자는 바이러스와 같습니다
　사회를 느리게 만들고 피해를 주는 자입니다

## 아무리 경청(傾聽)해도 실천하지 않으면 무용지물(無用之物)

"아빠! 말하는 것과 듣는 것 중 뭐가 중요해?"
"글쎄다… 말할 때는 주로 듣지 못하니까 아무래도 듣는 것이 더 중요하기도 한데…"
"하지만 듣고서도 아무 말을 하지 않으면 소용없잖아?"
"…"

· · · · · · · · · · · · · · · · · · · · · · · · · · · · · · · · · · · · · · · · · · · ·

어느 것이 옳다고는 못 해도 말할 수 있을 때 하지 못하는 것은 부끄러운 일일 겁니다
그러나 세상은 말 잘하는 사람과 말 못 하는 사람으로만 구분되어 있나 봅니다

# 말 잘하는 사람들이 대접받는 사회보다 말없이 행동하는 사람들이 대접받는 사회가 되어야 합니다

# 급히 더운 방이 쉬 식는 법

"아빠! 냄비근성이란 게 뭐야?"
"그건 조그만 일에도 들끓듯이 야단법석을 떨다가도 이내 잊어(식어)버리고 마는 성격을 말해!"
"그런 성격은 좋은 거야?"
"뜨거워야 뜨거운지 알고 아파야 아픈지 알고, 힘들어야 힘든지 아는 것이 얼마나 미련한 일이니? 미리 알아서 준비하는 것이 더 현명하잖니?"

· · · · · · · · · · · · · · · · · · · · · · · · · · · · · · · · · · · · · · · · · · · · · · · · ·

어느 때는 냄비근성이 아주 필요할 때가 있습니다
금방 식지만 않는다면

# 시끄러운 집과 조용한 집의 차이는 예절의 유무입니다
　항상 시끄러워야 일이 해결되는 집과 조용히 말해도 일이 진행되는 집과 차이는 빈부(貧富)의 차이와도 같습니다
　너무 오랫동안 가난에 빠져있으면 예의를 잊어버리기 때문입니다

# 인사는 먼저 본 사람이 하는 것

"아빠! 웃어른을 보면 먼저 인사해야 하는 거야?"
"그럼!"
"먼저 본 사람이 인사하면 안 돼?"
"그러면 더욱 좋지!"
"그러면 바꿔야겠네? 웃어른께 먼저 인사하는 것이 아니고 먼저 본 사람이 먼저 인사하는 것으로"
"…"

· · · · · · · · · · · · · · · · · · · · · · · · · · · · · · · · · · · · · · · · · · · · · · · · · · ·

인사는 먼저 본 사람이 하는 것이 필요합니다
어른이 먼저 봤다면 어른이 먼저 인사해야 하고
아랫사람이 먼저 봤다면 아랫사람이 먼저 해야 합니다
그러나 가급적 먼저 본 사람이 아랫사람이었으면 합니다
과거에는 어른이 되면 대부분을 향유했으나, 요즘은 그렇지 못한 것 같아서입니다
그래서 돈이 들어가지 않는 인사만이라도 어른들이 먼저 받았으면 하는 바람이 욕심일까요?

# 인사는 먼저 본 사람이 건네는 것이 맞습니다
   그러나 아랫사람들은 윗사람들과 있을 때 언제나 먼저 살필 필요가 있습니다
   그래서 어른을 대하는 것이 어려운 겁니다

# 아카시 나무

우리가 통상 "아카시야"라고 부르는 나무는
사실 "아카시"라고 불러야 한다
영어철자대로 읽다 보니
아카시아로 불렸는데,
발음기호는 아래와 같이

acacia[əkeɪʃə]

아카시(어케이셔)로 불러야 한다

이 아카시 나무는 원래 북미가 원산지이다
우리나라는 구한말부터 땔감용, 조림용, 사방용
등의 목적으로 심었는데
이제는 전 국토에서 다 볼 수 있을 정도로
흔하게 분포되어 있다

오뉴월이면
아카시 꽃향기를 맡을 수 있어 즐겁다
또한 아카시로 만든 꿀은
그 향기가 좋다

그런데
지금도 아카시보다는 아카시아가 더
정겨운 느낌이다
아마도
어린 시절 추억이 묻은 이름이어서
그런가 보다


[아카시 잎을 따 학교에 제출해 퇴비를 만들었던 추억,
잎으로 소원(사랑을 점치며)을 빌며 하나씩 떼어낸 추억,
졸린 눈에 끼워 입에 물면서 졸음을 쫓았던 추억 등]

# 개미는 앞의 개미가 간 길만 따라간다

"아빠! 저기 도로에 하얀색 줄무늬가 있는 게 뭐야?"
"응! 그건 횡단보도라고 해! 그쪽으로 건너라고 표시해 놓은 거지!"
"그럼 도로가 전부 횡단보도이어야겠네?"
"그건 왜?"
"저길 봐! 모두 막 건너잖아!"
"…."

· · · · · · · · · · · · · · · · · · · · · · · · · · · · · · · · · · · · · · · · · · · · · · · ·

횡단보도가 너무 많으면 가치가 없을 겁니다
그런데 많지 않아도 이용하지 않는다면 더욱 볼품이 없을 겁니다
이제 횡단보도에게 가치를 심어주는 캠페인을 전개합시다


\# 표시를 해주는 것은 제일 먼저 안전을 위해서입니다
   그리고 모두가 편리하도록 하는 행위입니다
   따라서 표시대로 따라주는 것은 자신의 생명과 질서를 지키는 위대한 행동입니다

# 원리원칙은 다소 잔인하나 지켜야 한다

[버스 안에서]

"아빠! 저 사람도 태워주면 좋을 텐데…"
"왜?"
"너무 불쌍하잖아! 저렇게 막 뛰어서 왔는데…"
"조금 더 빨리 왔으면 됐잖아?"
"그래도… 운전사아저씨가 너무한 것 같아!"
"가만있자… 태워줬으면 뭐가 좋은데?"
"뛰어오던 아저씨한테 다행이잖아!"
"그럼 버스 안에 탔던 많은 사람들은 어떡하고?"
"그야 보기 좋겠지 뭐!"
"보기 좋을지는 몰라도 다들 시간을 빼앗겼을 거야!"
"…"

· · · · · · · · · · · · · · · · · · · · · · · · · · · · · · · · ·

원리원칙으로 처리하면 융통성이 없다느니, 몰인정하다느니 많은 말들을 합니다
그러나 원칙을 부리지 않고 처리함으로써 눈에 보이지 않는 곳에서 빚어지게 되는 수많은 부조리나 문제는 제대로 생각도 해보지 않고 하는 말들일 겁니다

\# 시간을 지켜야 합니다
　그리고 놓쳐버린 것을 아까워하지 않고 당연시 해야 합니다
　그래야 다음부터 시간을 잘 지키게 됩니다

## 한 번뿐이라고 봐 줄 수는 없다

"아빠! 왜 잔디밭에 들어가지 말라고 쓰여 있는 거야?"
"그건 잔디가 다칠까 봐 그렇지!"
"사람이 밟으면 잔디가 죽어?"
"꼭 그렇진 않은데 많이 들어가면 다쳐!"
"그럼, 잔디밭에 많이 들어가지 마시오 라고 써야 하잖아?"
"그러면 많이 들어가게 돼! 왜냐하면 들어가는 사람은 한 번뿐이거든"
"그렇구나"

· · · · · · · · · · · · · · · · · · · · · · · · · · · · · · · · · · · · · · · · · · · ·

나는 한 번뿐이니까 한번 봐주세요?
봐주고 싶습니다 그러나 그렇게 못할 수밖에 없습니다


\# 원칙은 오랫동안 가꿔온 기준입니다
  나만의 생각으로 원칙을 무너뜨릴 수 없습니다

# 정을 너무 많이 쏟으면 예의가 없어진다 "Too 情"

"아빠! 저 아저씬 왜 그래?"
"뭐가 마음에 들지 않나 보지 뭐!"
"투정은 어린애들만 부리는 줄 알았는데…"
"그러나 어른이 부리면 달래기가 더 힘들어!"
"…."

· · · · · · · · · · · · · · · · · · · · · · · · · · · · · · · · · · · · · · ·

단순한 생리적 욕구나 1차적 심리에 의한 불만은 오히려 순수할지 모릅니다
왜 그러는지 뭘 요구하는지 자세히 밝히지 않고 계속 바라기만 하는 사람들이 있습니다

\# 정(情)은 냉정(冷情)과 온정(溫情)을 함께 갖춘 중용의 정입니다
  냉정이 지나치거나 온정이 지나치면 정의 의미는 사라지는 것입니다

# 어르신이 많아야 하는 사회

"아빠! 세상에 모든 아빠는 다 아빠처럼 훌륭한 거야?"
"그럼! 적어도 자기 자식이 보기에는 그렇지!"
"자식이 보기에도 훌륭하지 않다면 큰일이네?"
"난 네가 그럴까 봐 걱정이야!"
"…."

· · · · · · · · · · · · · · · · · · · · · · · · · · · · · · · · · · · · · · · · · · · · · · · · ·

어릴 때 부모를 믿고 따르다가 청소년이 되면 부모를 무시하게 되는 현상이 나타나곤 합니다
이성을 가진 어른의 눈에도 부모가 훌륭하게 비쳤으면 하는 바람이 있습니다

\# 어린이답고 어른다워야 합니다
   젊음과 늙음이 인간을 나누는 잣대가 되어서는 안 됩니다
   인격이 인간을 구분하는 잣대가 되었으면 합니다

# 배고프면 예의가 없어지는 법이다

"아빠! 왜 우리나라 사람들은 해외에 나갔다가 가끔 욕을 먹는 거야? 매너가 없어서 그래?"

"글쎄다~ 일부 그런 점도 있고~"

"왜 그런 거야?"

"그건… 아마도 성격이 너무 급해서 미처 남을 생각하지 않아서일 거야!"

"아하… 그럼 예의는 있어?"

"?…"

· · · · · · · · · · · · · · · · · · · · · · · · · · · · · · · · · · · · · · · · · · · · · · · · · ·

동방예의지국(東方禮儀之國)이란 말이 어디서 나왔을까 고민해 봅니다
그건 혹시 강자에게 너무 잘 대해줘서일 수도…

\# 반만 년 동안 제대로 배불리 먹지 못한 민족이었습니다
　가난하고도 예의를 갖춘다면 군자라고 했는데 우리 민족 모두가 군자가 아니기에…
　이제 살 만한 나라가 되었습니다
　이제 예의를 갖춰보는 것도 필요한 시기라는 뜻입니다

## 몸이 부자가 되는 데 시간은 얼마 걸리지 않으나
## 의식은 엄청난 시간의 흐름 없이 바뀌지 않는다

어느 교차로를 가도
맨 앞에 서 있는 것은 대부분
오토바이다

그것도
대부분 정지선을 넘어서고 있다

인도로 주행하는 자전거와 오토바이를
자주 본다
사람이 피해 준다

횡단보도를 자전거 또는 오토바이를 타고
건넌다
누구 하나 걸어서 끌고 가는 이가 없다

횡단보도를 끝까지 똑바로 걷는 이가 드물다
모두 옆으로 새도 수치심을 느끼지 않는다

걸어 다니면서 담배를 피우는 사람들을
자주 본다
전혀 타인을 의식하지 않는다

그리고
그 피우던 담배꽁초는 여지없이 수챗구멍,
또는 화단, 통풍기, 벽틈 등에 버려져
거리가 재떨이로 전락된다

침을 거리에 뱉는 것은 물론이고 가래침과
코도 함께 풀어 버린다

노래방의 바닥에 가래침을 뱉고
교실의 바닥에 침을 뱉는다
경기장에 선수들이 바닥에 침을 뱉어도
누구 하나 질타하지 않는다
오히려 환호한다

구한말 세상에서 가장 더럽고 냄새나고 무질서했던
한양의 모습이
지금도 재현되고 있는 것이다

## 자신감은 신념으로 무장해야 성공을 낳는다

"아빠! 학교에서 가까운 애가 항상 늦게 오는 이유가 뭐야?"
"너무나 자신이 있으니까 그렇지!"
"무슨 자신?"
"늦지 않을 자신!"
"그러나 언제나 늦는 자신을 보는데도?…"
"….."

• • • • • • • • • • • • • • • • • • • • • • • • • • • • • • • • • • • • • • • • • • • • •

그러고 보면 자신감이란 무엇을 할 수 있다는 신념이라기보다는 무엇이 됐다는 결과로 보아야 할지도 모릅니다
그렇지 않으면 모두가 자신 있어 할 테니까요 세상엔 자신 없어야 할 부분도 너무 많거든요

\# 자신감은 눈빛에서 오나 봅니다
　살아있는 눈빛을 가져야 합니다
　그러기 위해서는 많은 준비가 필요한 법입니다

## 조마조마, 좁아좁아, 조바심

"아빠! 조바심이 나는 건 왜 그래?"
"그건 남이 나처럼 생각하지 않을까 봐서 그러는 거야! 그래서 마음이 '좁아좁아' 해서 '좁아心'인 거야!"
"그러면 남의 생각을 전혀 생각하지 않는다면 안 생겨?"
"엉?"

. . . . . . . . . . . . . . . . . . . . . . . . . . . . . . . . . . . . . . . . . . . .

남을 생각하는 것은 두 가지가 있습니다
남을 배려하는 것과 남이 나처럼 배려하지 않을까 걱정하는 것과…

\# 마음을 크게 하면 조바심이 없는 법입니다
　마음이 작아서 생기는 문제이기 때문입니다

## 칭찬을 부르는 행동, 칭찬만 들으려는 귀

"아빠! 칭찬받으면 기분이 너무 좋아! 모두가 다 그러겠지?"
"그렇지! 칭찬받아서 싫어할 사람은 아마 없을 거야!"
"그런데 너무 칭찬만 받는다고 욕하는 사람들이 있어!"
"응?"
"듣기 좋은 말만 들으려고 해서 그런가 봐!"
"…."

• • • • • • • • • • • • • • • • • • • • • • • • • • • • • • • • • • • • • • • • • • •

칭찬만 받는 사람은 없을 겁니다
그런데도 칭찬만 받고자 한다면 불쌍한 일입니다
가끔은 꾸지람도 받아야 칭찬받는 것이 더 뜻깊지 않을까요?

\# 칭찬받을 행동을 하지 않았는데 칭찬이 들어옵니다
　이럴 때 경계해야 합니다
　나의 사리판단을 흐려놓는 순간이기 때문입니다

## 사랑은 자신감으로 시작되고 자존심으로 끝난다

"아빠! 사랑하니까 헤어진다는 말이 뭐야?"
"그건 너무나 사랑하기에 그 사람의 행복을 위해서 헤어진다는 소리야!"
"그게 뭐야?"
"그러니까 멋있게 헤어지는 방법이지 뭐!"
"그러면 멋있어?"
"멋있는지는 잘 몰라도 우선 자존심은 꺾이지 않게 되지!"
"…."

· · · · · · · · · · · · · · · · · · · · · · · · · · · · · · · · · · · · · · · · · · · · · ·

사랑에도 자존심이 있는 겁니다

그래서 헤어지는 겁니다

그러나 사랑은 자존심이란 이름으로 대립하지 않습니다

이해로 응할 뿐입니다


\# 자존심(自尊心)은 편협(偏狹)된 방법으로 나타나곤 합니다

    누군가 말했습니다

    자존심(自尊心)은 자존심(自存心)이라고~

    맞는 말인 것 같습니다

    자존심은 자신만을 높이는 것이 아니라 자신이 있어야 하는 이유가 될 수 있습니다

    자신만을 내세우면 함께 있어야 하는 이유도 사라지게 됩니다

## 서슬 퍼런 칼보다 무서운 것, 눈칼

"아빠! 사람이 싫을 땐 얼굴 중에 어디서 젤 먼저 나타나?"
"그건 눈이야! 가장 먼저 싸늘해지거든…"
"그럼 바뀌지 않는 곳은 어디야?"
"그건 입일 거야! 싫어하는 사람에겐 언제나 열리지 않는 굳은 입을 보여주거든! 그건 바뀌지 않을 거야!"
"아하 ~"

· · · · · · · · · · · · · · · · · · · · · · · · · · · · · · · · · · · · · · · ·

진짜 미워하는 것은 미워하지 않는 것입니다
조건이 있다면 아무 말도 하지 않은 채…


\# 큰 소리보다 무서운 것은 낮은 목소리입니다
　낮은 목소리보다 무서운 것은 긴 침묵(沈默)입니다

## 손을 씻다

흔히 나쁜 길에서 빠져나오거나,
나쁜 일을 이제 하지 않는다는 뜻으로
손을 씻었다고 표현한다

나쁜 일은 손이 대부분 알아서 하기 때문에
손을 깨끗하게 씻었다는 것은
더 이상 나쁜 짓을 하지 않는다는
한국식 표현이다
절도를 하거나, 강도, 추행 등
손이 주도하지 않던가?

이에 반해 일본인은
손을 씻었다 라고 표현하지 않고
발을 씻었다 라고 표현한다

あしをあらう[足を洗う] : 아시오 아라우

재미있지 않은가?

일본 사람들은
나쁜 길로 들어섰다 라는 표현대로
발이 주도하여 나쁜 짓을 하는가 보다
일단 발을 들어서면
머리고 손이고 몸이고 전부 나쁜 짓에
가담하니
알맞은 표현일지 모른다
동서고금 손보다는 발을 씻는 것을
행사로 하는 것이 많은 걸 보면
일리 있어 보인다

어쨌든
손과 발이 그동안 나쁜 짓을 많이 했나 보다

그러나 분명히 알아야 할 것은
손과 발은 하수인에 불과하다는 것이다

바로 눈과 뇌가 나쁜 짓을 시키는
장본인이니까~

나쁜 일에 손을 대고 이제 손을 씻는다

나쁜 일에 발을 들어서고 이제 발을 씻는다

※ 마치 한국인은 발이 따뜻해야 잠을 자고
　일본인은 머리가 따뜻해야 잠을 자는 것처럼
　가까운 나라인데 자세히 보면
　아주 다른 면이 있어 즐겁다

## 사소한 불신은 소리 없는 자객

"아빠! 사람과 사람 사이에 틈이 벌어지는 것은 어떤 경우야?"
"그건 아주 사소한 불신이 너무 많이 쌓이게 되면 그렇게 되는 거야!"
"그럼 커다란 문제가 그렇게 만드는 것은 아니네?"
"커다란 문제가 생겼을 땐 오히려 웃고 말지!"
"어른들은 이상해! 큰 문제가 더 중요한 것 아닌가?"
"사실 어른에겐 그게(사소한 불신) 더 큰 문제야!"
"…."

· · · · · · · · · · · · · · · · · · · · · · · · · · · · · · · · · · · · · · · · · · · · · · · ·

큰 문제는 드러나기에 무섭지가 않습니다
그러나 작은 불신은 소리 없이 다가와서 운신하기 힘들게 하곤 합니다

\# 커다란 강물을 이루는 것도 한 방울의 빗줄기에 의해서입니다
　사람과의 간극이 벌어지는 것도 사소한 작은 일에서부터 시작하는 것입니다
　사소한 불신은 결국 커다란 파국을 맞이하게 됩니다

예절(禮節)편

## 버릇은 고치기 어렵고 예의는 가르칠 수 있다

"아빠! 눈치가 없다는 게 뭐야?"
"상대방이 싫어하는 모습을 보여주고 있는데도 알아차리지 못하고 계속하는 것을 말해?"
"그럼 나쁜 짓 하지 말라고 그렇게 주의를 줘도 하는 것은 눈치가 없는 거네?"
"그건 눈치가 없는 게 아니고 버릇이 없는 거야!"
"어떻게 다른 건데?"
"하나는 속은 착한데도 그러는 걸 말하고 다른 하나는 속까지도 착하지 않다는 걸 말해!"
"…."

· · · · · · · · · · · · · · · · · · · · · · · · · · · · · · · · · · · · · · · · · · · · · ·

흔히들 예의가 없다는 것과 버릇이 없다는 것을 혼동하여 사용하고 있습니다 예의는 배우지 못해서 그런 것 즉, 후천적인 것을 말하고 버릇은 선천적인 것을 의미하는데도 말입니다

\# 버릇과 예의는 같은 뜻이면서 다른 뜻을 지녔습니다
　　천성적인 것과 후천적 교육을 통해 배운 것의 차이입니다
　　천성을 예의로 가릴 수는 있어도 결국 천성을 버리지는 못합니다

# 수치심이 없는 사람과 친구 하지 마

"아빠! 미안할 땐 왜 얼굴이 빨개지는 거야?"
"잘못한 사실이 부끄러워서지!"
"부끄러워하지 않은 사람은 빨개지지 않아?"
"그럼~"

. . . . . . . . . . . . . . . . . . . . . . . . . . . . . . . . . . . . . . . . . . .

우리가 경계해야 하는 사람은 바로 그런 사람입니다
또한 더 경계해야 하는 사람은 그런 사실을 전혀 모르는 사람일 겁니다


\# 수치심을 느낀다는 것은 개선의 여지가 있다는 뜻입니다
   옷 벗은 것을 수치스럽게 여긴다면 옷을 입을 것입니다
   그러나 느끼지 못한다면 계속 벗은 상태로 살아갈 겁니다

## 지식은 자동차, 경험은 윤활유

"아빠! 젊은이들의 생각은 언제나 참신한 것 같아!"
"그렇긴 해도 경험을 무시할 순 없는 거란다!"
"나이가 어리면 경험이 없을 거라 생각하는 것이 고루하다고 하던데?"
"내가 말하는 것은 경솔할 수 있다는 것을 경계하는 거란다!"
"…."

· · · · · · · · · · · · · · · · · · · · · · · · · · · · · · · ·

결혼을 논하는데 어린아이가 판단할 순 없습니다

자식을 키우는 일에 미혼인 사람이 판단할 수 없습니다

자식을 잃거나 부모를 잃지 않은 사람이 그 큰 슬픔을 알 순 없습니다

\# 기계는 윤활유를 칠하지 않으면 녹슬게 됩니다
  결국 쓰지 못하는 존재로 전락하는 것입니다
  따라서 경험이라는 소중한 윤활유가 있어야 지식이 빛을 발하게 되는 것입니다

## 내가 간직한 자(尺)를 작은 것으로 교체하면 미움이 사라진다

"아빠! 사람과 사람 간의 틈이 벌어지는 이유는 뭐야?"
"그건 아마도 실망해서일 거야!"
"실망?"
"사람들에게 자기 잣대가 있어서 언제나 그것으로 판단하거든! 그 판단에 미달 되거나 어긋날 경우 틈이 벌어지는 거야!"
"그럼 미워하거나 증오하는 것보다도 실망하는 것이 무섭네?"
"그렇지! 미움이나 증오는 다 실망의 자식인 거야!"
"…."

· · · · · · · · · · · · · · · · · · · · · · · · · · · · · · · · · · · · · · · · · · · · · · ·

모두가 자기 잣대가 있지만 그렇다고 각박하지만은 않습니다
거래는 언제나 덤이 있기 때문입니다
언제나 남이 나에게 덤을 줄 수 있도록 살았으면 좋겠습니다


\# 정확한 잣대보다 조금 남는 잣대가 사회를 아름답게 만들 수 있습니다
　 떨이로 팔거나 덤을 더 주는 것이 온정이니까요

# 배려문화(配慮文化)는 멋진 어른을 만든다

"아빠! 남을 배려한다는 게 뭐야?"
"응 그건 말이다… 화장실에 갔을 때, 한번 분량밖에 쓸 수 없는 휴지가 있는 경우가 있잖니? 그때 다음 사람이 쓸 수 있도록 조금만 사용하는 거야!"
"휴지가 없는 경우에는?"
"그러면 다음 사람이 당황하지 않도록 휴지를 구해서 놓고 오는 거야! 한 번 쓸 분량이라도…"
"아하~"

· · · · · · · · · · · · · · · · · · · · · · · · · · · · · · · · · · · · · · · · · · · · · · · · · · ·

남을 배려하는 것은 생각보다 쉬운 일이 아닙니다
배려라는 말에는 깊은 생각과 분노하지 않는 참을성이 필요하기 때문입니다

\# 배려의 뜻은 남을 생각하는 것입니다
   일본말도 思(おも)いやり(오모이야리)라고 "생각해 주는 것"이라는 뜻입니다
   남을 한 번쯤 생각해 주는 것
   이것이 멋지고 세련된 어른을 만들어 줍니다

## 약속취소의 의미를 모르고 한 분에게 드리는 글

약속이란

약속을 취소하면 상대방에 대한 결례다
일방적인 취소는 상대방의 다른 교류를 막는 행위다
특히 당일 취소는 더욱 그렇다
여행도 당일 취소는 환불이 없다
약속취소에는 몇 가지 예절이 있다

1. 상대방의 양해를 구한다
   그러나 피치 못할 사정이 아니라면
   취소해선 안 된다
   여기서 피치 못할 사정은 상대방의
   입장에서의 판단이다

2. 다음 약속을 구체적으로 잡아야 한다
   기약 없는 취소는 상대방에 대한
   두 번째 결례이며 모독이다

3. 약속취소에 따른 차선책을 강구하고
   안내해야 한다
   대리인을 보내거나 다른 대안을 찾아야 한다

4. 그러나 약속취소는 부모상 등을 당하지 않는 한
   반드시 지켜야 한다
   그럴 경우도 취소나 연기는 내가 아닌
   상대방이 하도록 해야 어울린다

5. 약속취소의 의미는 상대방이 하찮은
   존재이거나 언제든지 대체 당할 수 있는
   미미한 존재라는 뜻을 내포한다
   그러므로 상대방에게 모욕을 주는 행위다

마지막으로
금융인의 약속취소는
근본적 자질의 문제가 있다
신뢰를 바탕으로 인적 교류를 하는 직업의
특성상 자기 자신이 그러한 본연의 의무를
처음부터 걷어찬 것이기 때문이다

・・・・・・・・・・・・・・・・・・・・・・・・・・・・・・・・・・・・・・・・・・・・・・・・・・・・

보통은 문자도 보내지 않고

정리하나

이번엔 조금 아쉬움이 남아,

앞으로 다른 분과의 약속은 꼭 지키시길

바라는 마음이 들어 있어 보내드립니다

# 우리나라 횡단보도는 다 $x$, X자 형태

"아빠! 우리나라 횡단보도는 사다리 형태로 되어 있잖아! 근데, 형태를 바꿔야 할 것 같아!"
"어떻게?"
"엑스($x$)자로!"
"왜?"
"똑바로 건너지 않고 다 옆으로 새니까 그렇지!"
"…."

∙∙∙∙∙∙∙∙∙∙∙∙∙∙∙∙∙∙∙∙∙∙∙∙∙∙∙∙∙∙∙∙∙∙∙∙∙∙∙∙∙∙∙∙∙∙∙∙

현실적인 횡단보도인 듯합니다
그러나 불편한 것은 개선해야겠지만, 지킬 것은 반드시 지켰으면 합니다

\# 끝에서 옆으로 자꾸만 새니까 요즘은 딱지 모양의 ⊠ 횡단보도가 유행하고 있습니다
  어떻게 보면 개선된 모습일지도 모르겠습니다

## 세뇌하면 거짓말도 진실이 된다

"아빠! 기회주의자는 어떤 사람이야? 기회가 오면 잘 활용하는 사람이야?"
"아니, 남이야 어떻든지 간에 자기만 만족하면 된다는 사람이야!"
"만족하는 게 나쁜 거야?"
"아니! 남을 전혀 배려하지 않거나 피해를 주면서까지 만족을 느끼니 문제지!"
"아하~"

· · · · · · · · · · · · · · · · · · · · · · · · · · · · · · · · · · · · · · · ·

처음부터 기회주의자는 아닙니다
처음엔 미안한 마음으로 시작하다가 점점 후안무치(厚顔無恥) 해지는 겁니다
그리고 나중엔 무엇이 미안하고 무엇이 옳은지 판단할 수 없는 처지에 이릅니다
누가 진언을 해도 들리지 않습니다
아니 오히려 화를 냅니다
이미 인간이 아닌 다른 길로 접어들었다는 뜻일 겁니다

\# 사람은 약한 존재입니다
　그래서 세뇌(洗腦)를 하면 빠져들게 됩니다
　그러므로 좋은 친구들을 둬야 합니다
　그러면 그들이 올바르게 알려줄 겁니다

**후안무치(厚顔無恥) : 뻔뻔스러워 부끄러움이 없음**

# "ㄹ" 탈락 현상 파렴치 : "理을 탈락 현상"

"아빠! 파렴치(破廉恥)하다는 게 뭐야?"
"응 그건 염치가 없다는 말이야!"
"염치는?"
"그건 부끄러움을 아는 정직한 마음이란 뜻이야!"
"그럼 파렴치는 염치를 팔아버렸다는 뜻이네?"
"?"

· · · · · · · · · · · · · · · · · · · · · · · · · · · · · · · · · · · · · · · · · · · · ·

최소한으로 간직해야만 하는 염치를 팔아 치운 사람에게 파렴치라고 표현하는 것이 문법으로 맞지는 않습니다만, 왠지 파렴치는 팔아먹었다는 느낌을 지울 수가 없습니다

# 염치는 파는 물건이 아닙니다
    그런데도 팔아버린다면 남아있는 염치는 없게 됩니다
    그래서 염치없는 사람이 되는 것입니다

## 눈치는 눈에 자를 대고 보는 것

"아빠! 비겁한 사람의 눈은 몇 개인 줄 알아?"
"눈치를 봐야 하기 때문에 여러 개 아냐?"
"틀렸어! 하나도 없어!"
"왜?"
"볼 필요가 없으니까…"
"…"

· · · · · · · · · · · · · · · · · · · · · · · · · · · · · · · · · · · · · · · · · · · · · · ·

판단할 필요가 없을 수도 있겠군요
그래서 눈이 필요 없을지도 모르겠습니다
있어도 쓸모없는 것은 없느니만 못한 것 같습니다


\# 사물을 보는 것이 아니라 눈치를 보기 위해 눈이 존재한다면 슬퍼지는 일입니다
　가끔은 너무 주관이 없어서 탈인 경우입니다

## 화장실을 들어갈 때 손을 씻어야 하나? 나올 때 씻어야 하나?

많은 사람들은 나올 때 손을 씻는 경향이 있다
(물론 손을 씻지 않는 사람들도 많다는 통계가 있다)

그렇다면 손은 언제 씻어야 하나?

손은 화장실 들어갈 때 씻어야 한다
자기 몸을 만지기 전에 깨끗하게 씻어야 한다는
것이다
그래야 자기뿐만 아니라 가족의 위생에도
아주 커다란
도움이 된다

이것은 마치 밥을 먹기 전에 손을 씻는 것과 같다
밥 먹고 나서 손을 씻는 경우는 드물지 아니한가?

그리고 잠을 자기 전에 손발을 씻고 세안하고
양치질을 하는 것과도 마찬가지다

그래서 화장실 이용 전 손을 씻어야 하는
이유가 되는 것이다

그러나 수도요금이 커다란 걱정이 아니라면

화장실을 가기 전과 후에

모두 다

손을 씻어야 하지 않을까^^?

# 체면에도 중용이 필요해

"아빠! 체면이란 게 뭐야?"
"응 그건 너무 차려도 너무 차리지 않아도 안 되는 거야!"
"?"
"예를 들어 배가 고픈데 체면을 너무 차리면 굶게 되고 너무 차리지 않아도 굶게 돼!"
"?"
"너무 차리지 않아도 미움을 받아서 결국은 굶는다는 소리야!"
"그럼 적당히 차려야 하네?"
"그게 어렵지!"
"…"

· · · · · · · · · · · · · · · · · · · · · · · · · · · · · · · · · · · · · · · · · · ·

어디까지 체면을 차리라는 가이드라인이 있었으면 좋으련만…
그러나 사람이 제각각이듯이 체면도 인격에 따라 가지각색으로 나타납니다

\# 적당한 체면이 예절을 부릅니다
    체면이 없으면 예절이 따라오지 않고
    체면이 많으면 예절이 이길 수 없기에…

## 깨끗하게 볼일 보는 법이 인생을 사는 방법이다

"아빠! 어떻게 살아야 훌륭한 삶을 사는 거야?"
"예를 들어 공중화장실을 이용한다고 했을 때, 다음 사람을 위해 깨끗하게 사용하는 사람이 있고 한 번 쓸 거니까 아주 더럽게 쓰는 사람이 있지!"
"그런데?"
"인생은 그런 거야!"
"?"
"다음 사람에게 누(累)가 되지 않으면 훌륭하다고 할 수 있지!"
"…."

· · · · · · · · · · · · · · · · · · · · · · · · · · · · · · · · · · · · · · · · · · · · · · · · ·

인생은 한 번밖에 없고 이 세계는 그 인생이 한 번 스쳐 가는 곳입니다
어떻게 스쳐 가느냐의 관건은 바로 공중화장실을 이용하듯이 생활한다면 좋은 귀감이 되지 않을까 생각합니다

\# 영원히 산다면 어지럽게 해도 될 듯합니다
　언젠가 치우면 되니까요
　그러나 다음 세대를 위해 사라져야만 하는 게 인생이라면 잘 간직할 수 있도록 남겨줘야 합니다

## 시작한다고 다 좋은 건 아니야

"아빠! 남들에게 잘 해주는데도 돌아오는 것은 없어!"
"조금 더 기다리면 좋은 결과가 올 거다!"
"그걸 어떻게 믿어?"
"그렇다고 믿지 않을 수도 없잖아?"
"…."
"또 그렇다고 남들에게 잘 못 해줄 수도 없고…"
"…."

. . . . . . . . . . . . . . . . . . . . . . . . . . . . . . . . . . . . . . . . . . . . .

방법이 없습니다
그저 더 잘 해주는 수밖에…


\# 모두들 시작이 반이라고 시작만 계속 반복하는 경향이 있습니다
    매일같이 생활계획표를 다르게 짜보기도 하고…
    그러나 시작은 어느 정도 진행된 것을 의미합니다
    마치 갓난아기가 백일이 되어야 잔치를 하듯이

## 시시비비(是是非非)를 가릴 줄 모르는 사람이 나쁜 사람

"아빠! 가장 파렴치한 사람들은 비겁하고 나쁜 짓을 많이 한 사람이 아닌 것 같아!"
"그건 왜?"
"자기가 파렴치하다는 것을 모르고 당당하게 사는 사람들일 거야!"
"아니야!"
"응?"
"그보다 파렴치한 줄 잘 알면서도 당당하게 사는 사람들이야!"
"…."

· · · · · · · · · · · · · · · · · · · · · · · · · · · · · · · · · · · · · · · · · · · · · · · ·

세상이 깨끗했으면 좋겠습니다
그리고 진리와 상식이 통하는 사회였으면 좋겠습니다
그렇지 못하다면 겉으로라도 그렇게 살았으면 합니다
그런데 그렇게도 못하는 것 같습니다


# 내용 없는 형식은 공허하고 형식 없는 내용은 산만하다고들 합니다
    적당한 내용과 형식이 필요한 사회를 꿈꿔 봅니다

## 따뜻한 시선, 무서운 시선

"아빠! 절망은 어디서부터 오는 거야?"
"응 그것은 눈빛에서부터 오는 거야!"
"왜?"
"싸늘한 눈빛은 상대를 절망케 하거든…"
"….".

· · · · · · · · · · · · · · · · · · · · · · · · · · · · · · · · · · · · · · · · · · · · ·

물리적인 힘보다도 무서운 것이 있는 겁니다

그것은 절망을 불러오기 때문에 더욱더 강합니다


\# 사람에게 실망을 넘어 절망을 느낀다면 존재가치를 잃게 됩니다
　그래서 실망하기 전에 처신을 바로 해야 좋은 관계를 유지할 수 있습니다

## 맛없는 많은 사과(赦過)는 맛있는 참외(懺悔)만 못 하다

"아빠! 왜 말을 잘못하고 나서 그것은 실수였다고 핑계를 대?"
"수습하려고 그러는 거야!"
"그럴수록 더 변명만 하게 되는데도?"
"태생이 그래서 어쩔 수 없어!"
"?"
"애초부터 말이 많아서 생긴 문제거든! 그러니 잘못을 하게 되고 또 말이 많은 사람이니 핑계나 변명도 많이 늘어놓게 되지!"
"…"

· · · · · · · · · · · · · · · · · · · · · · · · · · · · · · · · · · · · · · · · · · · · · · · ·

말을 많이 하지 않는 사람은 많이 하는 사람보다 실수나 잘못을 적게 저지를 수밖에 없습니다
말을 많이 하는 사람은 결국 해명이나 사과도 많이 하게 됩니다
그러나 말이 많을수록 신뢰는 반비례(反比例)합니다

\# 깨끗한 사과와 끊임없는 참회가 관계를 정상화시킬 수 있습니다
  개운치 않은 사과와 위선적 참회는 아니함만 못한 것입니다

## 찌개문화

우리는 찌개나 반찬을 덜어 먹지 않고
여럿이 젓가락질 및 숟가락질을 하며
밥을 먹는다

우리는 원래 비위생적인 민족이었나?
그런데
조선족이 이런 모습을 보고 놀랐다던데…
조선족도 원래 우리 민족이 아닌가?

왜 다르지?
반면 일본의 경우 토리자라([とりざら[取(り)皿] : 앞접시)
토리바시([とりばし[取りばし · 取り箸] : 덜어 먹는 데 쓰이는 젓가락)를
이용해 위생적으로 먹는다.

그런데 놀라운 것은 조선시대 격식을 차리는
밥상은 여럿이 먹는 것이 아니라
독상을 하였단다
그럴 경우 위생적이라 말할 수 있었는데,
서민들은 그렇지 못한 것 같다
(사실 이렇게 먹으면 면역력이 생긴다)

이제 문화를 바꿔야 하나?

# 욕을 많이 하면 자신감이 없다는 소리고
# 말을 많이 하면 불안하다는 뜻이다

"아빠! 말이 많은 이유가 뭐야?"
"응 그건 핑계를 대느라고 그래!"
"핑계는 왜 대?"
"허전해서!"
"뭐가?"
"핑계라도 대지 않으면 뭔가 빈 거 같아서!"
"…"

· · · · · · · · · · · · · · · · · · · · · · · · · · · · · · · · · · · · · · · · · · · · · · · · ·

말이 많은 것은 많이 알아서가 아니라 허전함을 달래주기 위한 방편인 경우가 많습니다
오히려 말을 많이 함으로써 자신을 드러내게 됩니다


\# 많아서 좋은 것은 위로와 격려, 그리고 사랑뿐입니다
　적어서 좋은 것은 말뿐입니다
　그리고 말을 많이 하면 허전하고 비었다는 느낌만 줄 것입니다

# 말은 골프와 같은 것
# 신경 쓰지 않으면 바로 말 못 하는 사람으로 전락돼

"아빠! 저 사람은 말을 잘못해서 사퇴하는 거지?"
"아니!"
"응?"
"말을 너무 잘해서 사퇴하는 거야!"
"그게 무슨 말이야?"
"말을 못 하는 사람은 실수하지 않거든…"
"…"

· · · · · · · · · · · · · · · · · · · · · · · · · · · · · · · · · · · · · · · · ·

말을 잘하는 사람들은 언제나 더 신경 써야 합니다
방심하면 실수를 할 수 있으니까요
왜냐하면 말을 정말로 잘한다고 믿는 사람들이 대개 실수를 하기 때문입니다

\# 말을 잘하는 사람은 몇 마디로 의견을 나타내는 사람입니다
　그런 사람은 실수를 좀처럼 하지 않는 사람입니다
　오히려 말을 많이 하는 것이 주워 담을 수 없는 상황을 초래할 수 있습니다

# 편법과 새치기는 부메랑

"아빠! 요즘 교통사고 나면 아프지도 않은데 입원하는 사람이 많대!"
"가짜(나이롱) 환자가 많아 걱정이야!"
"왜?"
"그런 사람이 많아지면 보험료가 올라가거든…!"
"그래도 혜택받는 사람들은 좋잖아?"
"그렇지! 그러나 결국은 혜택받지 못하는 많은 사람들이 공동으로 분담해야 되기에 그래!"
"혜택받지 못한 사람만이 손해네?"
"아니! 결국은 모두 다 손해야! 언젠가는 혜택을 보게 되고 그러면 모두가 혜택을 보게 되고 그렇게 되면 전부가 손해를 입게 되기 때문이야!"
"…"

· · · · · · · · · · · · · · · · · · · · · · · · · · · · · · · · · · · · · · · · · · · · · · · · · · · ·

나만 지키지 않으면 일단은 성공합니다
나만 빠져나가면 성공합니다
그러나 모두가 그렇다면 모두가 실패할 겁니다


\# 모두가 쓰레기를 몰래 버린다면 지구는 환경오염으로 몸살을 앓고 결국 사람들은 살아갈 수 없을 겁니다
  쓰레기를 버리는 나는 편할 수 있어도 우리의 자녀들은 고통 속에 살게 되기에 공동체를 구성하는 일원으로서 공동의 터전을 가꾸고 보살피는 노력이 필요한 것입니다

## 누구나 낼 수 있는 화(火), 누구도 받아줄 수 없는 후회(後悔)

"아빠! 아무리 화가 나도 한 번쯤은 참아 보라는 게 무슨 뜻이야?"
"응 그건 잘못 판단할 수도 있어서 그런 거야!"
"만약에 참지 못한다면?"
"그럼 둘 중에 하나지! 후회하거나 후회하지 않거나 또는 미안해하거나 미안해하지 않거나"
"?"
"화를 낼 땐 언제나 후회하거나 미안해하지 말아야 하는 거란다!"
"…"

· · · · · · · · · · · · · · · · · · · · · · · · · · · · · · · · · · · · · · · · · · · · · ·

후회하거나 미안해할 것 같다면… 혹은 그렇게 된다면 화를 내선 안 됩니다
화는 누구나 낼 수 있어도 후회는 누구도 받아주기 힘들기 때문입니다

\# 입 밖으로 뱉어진 "화"는 주워 담을 수가 없습니다
    버려진 화는 다른 사람들에게 해를 끼칩니다
    따라서 이렇듯 많은 사람들에게 상처 입힌 화는 다시 돌아올 수 없습니다
    그러므로 화는 내뱉기 전에 입안에서 삭히는 수밖에 없습니다

# 두 줄 타기와 한 줄 타기는 죄가 없다

"아빠! 에스컬레이터를 이제 두 줄로 타야 한대!"
"으응 그래? 언제부터? 왜?"
"한 줄 타기를 하면 뛰어가는 사람이 서 있는 사람과 부딪쳐서 사고가 나서 그런대!"
"그래서 다시 두 줄 타기로 바꿨다고?"
"응"
"그럼 두 줄 타기를 하다가 사고가 나면 다시 한 줄 타기로 바꾸려나?"
"…."

· · · · · · · · · · · · · · · · · · · · · · · · · · · · · · · · · · · · · · · · · · · · · · · · ·

사고의 원인이 한 줄 타기가 아닌 것 같습니다
바빠서 걸어가는 사람의 부주의 때문입니다
그러면 걸어가거나 뛰어가는 사람들에게 서 있는 사람에 대한 배려를 하라고 안내하는 것이 우선 아닐까요?
일본은 우리보다 먼저 한 줄 타기를 했고 지금까지도 하고 있습니다
에스컬레이터에서 뛰어가는 사람을 본 적도 별로 없는 것 같고, 걸어가는 사람이 서 있는 사람에게 피해를 주고 경우도 본 적이 없었던 것 같습니다
서 있는 사람에 대한 배려가 있었기 때문일 겁니다
한 줄 타기에서 두 줄 타기로 전환한 것도 제대로 교육도 되지 않고 있습니다
더욱 중요한 것은 제도를 바꾸는 것이 능사가 아니라 근본적인 개선이 중요하다는 것을 잊고 사나 봅니다

한 줄 타기에서 두 줄 타기로 바꾸는 것은 언제나 쉽습니다

고민하지 않고 할 수 있는 일이거든요

조금만 더 고민하면 더 좋은 사회가 됩니다

# 가장 쉬운 일은 즉각 반응하는 것입니다

　무조건 반사는 그 누구도 할 수 있는 일이기 때문입니다

　정책은 조금만 신경 쓰면 모두가 편해질 수 있습니다

　능력이 부족해서 정책을 못 만드는 것이 아니고 생각이 없어서일 것이라 생각하여

　이제 생각만 더 해 준다면 더 좋은 사회가 되리라 사료됩니다

# 죄를 벌하는 방법은 교묘해야 한다

"아빠! 교통질서를 지키지 않는 운전자에게 벌금을 많이 매기면 좋아질까?"
"꼭 그렇진 않아~"
"왜?"
"벌금에 대한 반발이 먼저 생기기 때문이야~"
"그럼 어떻게 하면 되지?"
"일정 횟수 이상 위반하면 벌금 대신 면허 취소를 주는 거야~ 그러면 면허를 다시 따려고 많은 돈과 시간이 들어가지~ 귀찮아서 위반하지 않을지도 몰라~"
"아~"

· · · · · · · · · · · · · · · · · · · · · · · · · · · · · · · · · · · · · · · · · · · · · · · · ·

그렇게 하면 벌금 이상의 세금을 거둘 수도 있겠네요~
자동차 학원과 직원들은 돈을 벌고 회사도 개인도 세금을 내야 하니까요~


\# 죄를 짓는 사람보다 벌을 내리는 사람이 약할 때 죄는 늘어나게 됩니다
　마치 바지 단추가 떨어지면 바지가 흘러내리는 것과 마찬가지입니다

## 숨길 수 없는 것들

흔히들 숨길 수 없는 것을 열거하여
달, 진실, 재채기라고 표현한다

달은 너무 커서 숨길 수 없는 것인지,
아니면 매일 뜨기 때문에 그런지,
또 누구나 같은 달(표면)을 보기에
그런지 모르겠다

진실은 덮으려 해도 덮을 수 없고,
은폐하려 해도 은폐할 수 없는,
언젠가는 소리 없이 세상에 나타나는
그런 존재다

재채기는 숨기려 해도 터져 나오는
생리현상으로 하품과 기침보다도
참을 수 없는 것이다

재채기는 하는 순간 심장이 멎고,
숨이 멎는다
재채기 이후 숨(살아나게 되니)을 쉬게 되니
미국사람들은 그럴 경우

"God bless you(갓 블레스 유)"
라고 외치며 다시 살아난 것을 축복한단다

또는 줄여서
"bless you(블레스 유)"
라고 외쳐준단다

사실 재채기를 하는 것이 주변을 놀라게 하거나
소란스럽게 했기에 주위 사람들이 그 민망함을
대신해 축복으로 희석시켜 주는 것이다

따라서 재채기는 그 소리를 조금 적게 하려고
노력하는 것이 예의다
조금 참으면 소리를 줄일 수 있다
(콧등을 잡고 가급적 입을 조금만 벌리면 가능하다)

그럼에도 불구하고 재채기하는 순간
기차 화통을 삶아 먹은 듯이 큰소리로 하거나,
마치 확성기를 단 것처럼 원래 재채기소리보다
훨씬 더 크게 하여 주변 사람들을 놀라게 하는
사람들을 곧잘 본다

당사자는 시원할지 모르지만,
(사실 뇌세포가 그 순간 많이 죽는다
또한 혼이 빠져나가 다시 돌아오지 않을 수도 있다)
주변 사람들은 깜짝 놀라거나,
그 무례함에 짜증이 날 수도 있다

"bless you(블레스 유)" 를 연발하며 그 예의 없음을
완곡하게 비난할지도 모른다

물론 그럼에도 불구하고 미안해하는 구석이 없다면
진짜 구제불능이다

재채기~
숨기거나 참을 수는 없어도
그 소리를 줄일 수는 있다

# 존경받는 사람은 돈으로 평가되지 않아

"아빠~ 이번에 세뱃돈 많이 받았어~"
"그래~"
"그런데, 많이 주는 분이 있고 적게 주는 분이 있는데 왜 그래? 부자고 가난해서 그래?"
"아니야~"
"그럼 왜 다른 거야?"
"…"

· · · · · · · · · · · · · · · · · · · · · · · · · · · · · · · · · · · · · · · · · · · · · · ·

요즘은 세뱃돈을 주는 사람을 경제력의 크기로 판단하는 모양입니다
그러나 세뱃돈 주는 사람이 돈의 규모와 관계없이 자신의 지위와 권세로 주면 군자이고, 돈의 규모로만 주면 소인입니다

\# 부자는 오히려 세뱃돈을 조금 줍니다
  돈이 아니라 다른 것으로도 충분히 위엄을 보일 수 있기 때문입니다
  그러나 아무것도 내세울 것이 없는 사람은 돈으로 위엄을 대신하려 합니다
  마치 위엄이 돈을 줌과 동시에 신기루처럼 날아가도 말이죠~

## 집에는 간판이 없어 그런 건 상점에나 있는 거야

"아빠~ 모든 것에는 간판이 있나 봐?"
"왜?"
"학교고 가게고 전부 간판이 있잖아?"
"그렇지 다들 홍보하려고 그러는 거야~"
"그런데 집에는 간판이 없어?"
"엉?"

..................................................

'간판을 내세우는 이유'
학교, 병원, 약국, 빌딩, 아파트, 빌라, 연립 모두 간판이 있으나, 일반주택은 간판이 없습니다
대신 주인 이름만 있습니다
집에서는 간판을 내세우지 말고 서로의 이름을 기억하자는 뜻일 겁니다

\# 껍데기만 추구할 경우 간판을 요구합니다
   그러면 사람은 천대받고 껍데기만 대접받습니다
   사람을 요구할 때는 이름이면 됩니다
   그러면 껍데기는 홀대받게 되는 것입니다

# 힘들 때는 더 열심히 해야 돼

"아빠~ 나이가 들면 귀가 어두워져?"
"그렇지~ 노화로 잘 알아듣지 못하게 돼~"
"그럼 어떡해?"
"잘 들으려고 노력해야지~"

• • • • • • • • • • • • • • • • • • • • • • • • • • • • • • • • • • • • • • • • • •

나이가 들어 귀가 어두워지는 것은 듣고 싶은 말만 가려서 들어야 한다는 뜻이 아닙니다
보다 잘 들으려면 더욱 주의를 요해야 한다는 뜻입니다
그러나 나이를 들어가면서 아집이 생기고 듣고 싶은 말만 듣고자 하니 친구가 사라지게 되는 원인입니다

\# 듣고 싶은 것만 들으려고 할 때는 카세트테이프를 돌리면 됩니다
  굳이 사람과 대화할 필요 없이 말이죠~

## 배우지 않고 가르칠 수 없다

"아빠~ 부부를 남편과 아내로 부르는데, 서로를 지칭할 때는 배우자(配偶者)라고 하지?"
"그렇지^^"
"아마, 서로에게 배우라는 뜻이 있나 봐~"
"…"

· · · · · · · · · · · · · · · · · · · · · · · · · · · · · · · · · · · · ·

배우자는 서로 "배우자"에서 비롯되었을지도 모르기 때문에, 서로 배워야 하는데, 가르치려 드니 싸움이 나나 봅니다

\# 배우고자 하면 겸손해지고 그러면 대접받습니다
  가르치고자 하면 거만해지고 그러면 무시당하게 됩니다

## 먼저 생긴 것이 첫째

"아빠~ 쌍둥이는 누가 첫째야?"

"그거야~ 먼저 나온 애가 첫째지~"

"먼저 만들어진 애가 첫째가 아니야?"

"태어나는 아기의 서열은 먼저 생겼어도 먼저 태어나는 아이가 손윗사람이 되는 거야~"

"그럼, 프로야구 1군에 먼저 들어온 사람이 있는데 몇 년간 한 번도 시합에 나가지 않았어~ 그런데 올해 들어온 신인이 시합에 나가게 된다면 그 신인이 선배가 되는 거야?"

"그건 아닌 것 같은데…."

"몇 년 전부터 보관한 씨앗과 올해 씨앗을 함께 심었더니 올해 씨앗이 먼저 싹을 틔우면 첫째가 되는 거야?"

"…."

· · · · · · · · · · · · · · · · · · · · · · · · · · · · · · · · · · · · · · · · · · · · · · · ·

그동안 "생기다"란 뜻이 "태어나다"란 뜻과 같이 혼용해 써 왔습니다

분명 생긴 것과 태어나는 것은 다른 분류입니다

미국에서는 엄마 뱃속에서 더 오래 머문 아이가 첫째가 된다고 하는데…

우리는 먼저 태어난 아이가 첫째가 됩니다

그런데 제왕절개를 할 경우 스스로 태어나는 것이 아니라 의사의 선택에 의해 먼저 태어나고 나중에 태어나게 됩니다

이럴 경우 복불복(福不福)으로 치부해야 하나요?

쌍둥이에게 서열은 없어 보이나 굳이 매기겠다면 정확한 과학적 근거를 토대로 매겨야 하지 않을까요?

# 대충 결정한 사항이 커다란 반향(反響)을 일으킬 수 있습니다
　합리적인 판단과 행동이 거부감을 줄일 수 있습니다

# 손가락 예찬

"아빠~ 손가락은 다 이름과 뜻이 있지?"
"그럼~"
"엄지는 무슨 뜻이야?"
"최고라는 뜻이야~ 가장 뚱뚱하고 힘이 세지~"
"검지는?"
"무엇인가를 가리킬 때 쓰이는 손가락이란 뜻이야~"
"중지는?"
"가운데에 있는 손가락이란 뜻이야~"
"약지는?"
"약을 맛볼 때 쓰이는 손가락이란 뜻인데 예전에 탕약을 달이고 맛을 볼 때, 손가락 중 가장 깨끗한 손가락(가장 안 쓰는 손가락)으로 맛을 봤다는 것에서 유래됐어~"
"새끼손가락은?"
"가장 작은 손가락이란 뜻이야~"
"아하~"

· · · · · · · · · · · · · · · · · · · · · · · · · · · · · · · · · · · · · · · · · · · · · · · · · ·

넷을 손가락으로 어떻게 표현하십니까?

엄지를 접고 네 손가락을 펴지 않습니까?
엄지는 최고의 권위를 상징하며,
검지는 누군가를 지목할 때,

중지는 어느 쪽에도 흔들리지 않는 중용의 덕을,
약지는 약의 맛을 보는,
새끼손가락은 약속을 의미합니다

넷은 이처럼 저 자신(엄지를 접고)을 낮추고 능력 있는 인재를 발굴하여 적재적소에 인재를 등용(검지를 펴고)하며, 여러분들의 의견을 합리적이며 공정하게 판단(중지를 펴고)하고, 무슨 일이든 먼저 앞장(약의 맛을 먼저 보듯이 약지를 펴고)서며 행동하는 것을 약속(새끼손가락을 펴고)하는 번호입니다

하나는 어떻게 표현하십니까?

엄지를 치켜세우시나요?
그렇다면 나머지 손가락은 모두 쥐 죽은 듯이 접혀 있어야만 합니다
자신의 권위만을 자랑하기에 좋아 보이지 않습니다

검지만을 올리나요?
이럴 경우 자신을 숙이고 능력 있는 인재를 얻는 듯이 보이지만, 중용과 솔선수범, 약속이 뒷받침되지 않고 있습니다

둘은 어떻게 표현하십니까?

엄지와 검지만을 올리나요?
그렇다면 자신을 낮추지 않고 중용과, 솔선수범, 약속을 지키지 않는 것과 마찬가지입니다

검지와 중지를 세우시나요?
자신을 낮추지만, 솔선수범하지 않고 약속을 어기게 됩니다

셋은 어떻게 표현하십니까?

엄지와 검지, 그리고 중지를 펴시나요?
솔선수범하지 않으며 약속을 지키지 않습니다
검지, 중지, 약지를 세우시나요?
자신을 낮추지만, 약속을 지키지 않으니 걱정입니다

다섯은 어떻게 표현하십니까?

전체 손가락을 쫙 펴겠지요~
자신을 낮추지 않으니 독선으로 흘러갈 수 있습니다

# 이렇듯 손가락은 많은 이야기를 품고 있으며 의사를 전달해 주고 있습니다

## 그리운 사람은 새기지 말자

사랑하는 사람의 이름을
바위에 새기지 말자

그리하면
사랑하는 사람이 떠났을 때
지울 수 없기에

사랑하는 사람의 이름을
흐르는 물에 새기자

그래야
사랑하는 사람이 떠나도
지울 수 있기에

그러나
서투른 사람은 사랑하는 사람의 이름을
바위에 새기려고만 하고
성숙한 사람은 사랑하는 사람의 이름을
흐르는 물에만 쓴다

사랑하는 사람의 이름을
바위에 새기면
다시 쓰기 어려우니

사랑하는 사람의 이름을
흐르는 물에 새겨야 하는 것이다

그래야
매일
다시 쓸 수 있기에

# 인성(人性)편

"아빠! 고집이 세다는 것은 무슨 뜻이야?"
"어떤 사람은 그걸 고집이라고 표현하고 어떤 사람은 그걸 주관이라고 칭해!"
"어떨 때 그렇게 다르게 표현해?"
"그건 기분이 나쁘거나 좋을 때에 따라 다르지!"
"..."

# 국도 같은 사람, 고속도로 같은 사람

"아빠! 고속도로가 있으니까 빨리 달릴 수 있어 편리한 것 같아~"
"그렇지~ 국도로 가면 꼬불꼬불 가야 하는 데 반해 고속도로는 뻥뻥 뚫렸잖아~"
"그런데 고속도로에는 터널이 많아~"
"어려운 공사를 많이 해서 그래~"
"…."

· · · · · · · · · · · · · · · · · · · · · · · · · · · · · · · · · · · · · · · · · ·

'국도는 자연친화적인 도로이고 고속도로는 자연파괴적인 도로이다'라고 말하는 것은 고속도로에 수많은 터널이 있기 때문입니다
그러나 터널 뚫는 것을 반대한다면 고속도로는 존재하지 않을 겁니다
또한 사람들은 국도가 필요하듯이 고속도로도 필요하다는 것을 모두가 인정하고 있습니다

\# 자기의 의지를 관철시키려면 수많은 반대를 무릅쓰고 정진해야 합니다
    때로는 난관을 뚫고 나가야 합니다
    타협만을 고집한다면 의지를 관철시킬 수는 없을 겁니다
    고속도로에 터널이 있듯이 역경을 헤쳐나가야만 유용할 때가 있습니다

# 조연(助演)은 돋보기

"아빠! 꼭 필요한 사람이 뭐야?"
"응, 그건 훌륭한 사람을 만들어 주는 사람을 말해. 그런 사람이 있음으로써 훌륭한 사람이 돋보이거든"
"그럼 난 꼭 필요한 사람이 되지 않을 거야"
"…."

· · · · · · · · · · · · · · · · · · · · · · · · · · · · · · · · · · · · · · · · · · · · ·

누가 꼭 필요한 사람인지 모르겠습니다
들러리가 있어야 주인공이 빛을 발하는 것을 보면…

\# 사물은 그대로인데 돋보기로 보면 커 보입니다
　돋보기 같은 사람이 되면 보통 사람들을 훌륭한 사람으로 만들 수 있습니다

## 시간은 게으름뱅이에게 시련을 준다

"아빠! 친구가 뭐야?"
"응, 친구란 친한 사이를 말하지"
"친하다는 것이 뭔데?"
"새로 산 구두는 깨끗하긴 해도 신을 때 좀 불편하잖아? 그런데 시간이 지나면 아주 편해지는 것과 마찬가지야"
"그런데 오래 사귀어도 친구가 아닌 사람이 있잖아?"
"그건 너무 오래 사귀어서 그런 거야"
"응?…"

· · · · · · · · · · · · · · · · · · · · · · · · · · · · · · · · · · · · · · · · · · · · · · · · ·

너무 오래 사귀어서 오히려 멀어진 사이가 되었는지 생각해 봅니다
그것은 분명 시간에만 맡기고 아무런 행동도 보이지 않아서일 겁니다

\# 시간은 달리는 열차와도 같습니다
　게으른 사람이 시간 내에 역에 도착하지 않으면 열차는 그냥 떠나가 버립니다

## 시간을 길게 만드는 사람들

"아빠! 빵 아직 안 구워졌어?"

"응!"

"왜 이렇게 더뎌?"

"조금만 기다리면 돼!"

"언제까지?"

"시간이 지나면 되는 거야!"

·····················································

조바심은 짧은 시간을 길게 만드는 마술사와 같습니다

아무리 짧은 시간이라도 그에게는 너무 긴 시간일 겁니다

\# 기다리는 순간이 즐거운 경우라면 조바심은 필요합니다

그러나 초조한 마음이라면 조바심을 버려야 행복해집니다

## 알아줘야 비로소 의미를 갖게 되는 법이다

"아빠! 세상에는 어떤 사람들이 살아?"
"음… 아주 어려운 질문이군. 세상에는 일을 잘하는 사람, 일을 잘하는 척 하는 사람, 일을 못 하는 사람, 일을 안 하는 사람 등이 있지"
"그럼 그중에서 가장 나쁜 사람은 일을 잘하지 못하는 사람이겠네?"
"아니야! 그보다 더 나쁜 사람은 일을 잘하는 사람을 몰라주는 사람이야"

· · · · · · · · · · · · · · · · · · · · · · · · · · · · · · · · · · · · · · ·

훌륭한 사람은 일 잘하는 사람이 아닙니다
일 잘하는 사람을 볼 수 있는 사람입니다


\# 남이 알아주지 않으면 존재가치를 잃는 것도 있습니다
　일 잘하는 사회보다 잘 알아주는 사회가 더 훌륭한 법입니다

# 초조는 불안, 설렘은 기대

"아빠! 기다린다는 게 뭐야?"
"때론 초조하게 때론 설레게 만드는 거야! 그러나 초조한 건 기다림이 아니라 안달 난 욕심이야! 왜 있지 않니? 동전 넣고 과자 뽑을 때 바로 그 순간이 진짜 기다림이야!"
"아하"

· · · · · · · · · · · · · · · · · · · · · · · · · · · · · · · · · · · · · · · · · · · · · · · · ·

너무나 초조한 기다림이 싫습니다
무언가 기대를 가지고 조용히 음미하는 순간,
다소 설레며 들뜬 듯한 순간,
그 순간이 정녕 기다림이었으면 좋겠습니다

\# 초조한 것과 설렘과는 정반대 모습입니다
   준비된 사람은 초조해하지 않습니다

## 문제의 해답은 언제나 반대편에 있다

"아빠! 어떻게 하면 훌륭한 사람이 돼?"
"그건 언제나 어떻게 하면 훌륭한 사람이 될까 생각하면서 살아가면 답이 나올 거야!"
"그래도 답이 나오지 않으면?"
"그러면 어떻게 하면 훌륭한 사람이 되지 않을까 생각하면서 그 반대로 살아가면 될 것 같네~"
"…."

• • • • • • • • • • • • • • • • • • • • • • • • • • • • • • • • • • • • • • • • • • • •

일이 풀리지 않을 때 반대로 생각하면 의외로 잘 풀리는 경우가 있습니다
힘든 일을 어렵게 생각하면 더 꼬여갈 수 있기 때문입니다

\# 한 가지에 몰두하다 보면 외곬으로 빠지는 경향이 있습니다
　가끔은 옆에서 보는 시각이 필요합니다
　그리고 집중하지 말고 다른 일에 잠깐 눈을 돌리는 것도 중요합니다
　그래야 더 잘 보이니까요~

## 남을 조금 더 알아주면 행복해져

"아빠! 공치사(功致辭)가 뭐야?"
"응, 그건 잘해주고 생색내는 걸 말해!"
"그럼 그건 해야 하는 일 아니야?"
"그것보다는 그걸 알아주려는 노력이 더 필요하지 않을까?"

· · · · · · · · · · · · · · · · · · · · · · · · · · · · · · · · · · · · · · · · · · · · · · · · · · ·

알아주지 않아서 상대를 더 비참하게 또는 염치없는 사람으로 만드는 경우가 있습니다
미리 알아서 대우한다면 더더욱 겸손해질 텐데…

\# 공치사에는 두 가지 종류가 있습니다
　남이 알아주지 않아서 하는 경우와
　남이 알아주든 알아주지 않든 간에 언제나 하는 경우입니다
　후자는 바람직하지 않으나
　전자가 되풀이되면 더더욱 바람직하지 않게 됩니다
　남을 알아주는 미덕이 아름다운 세상을 만들어 갑니다

# 그런 비

봄에는
따스한 비를 맞고 싶다
맞으면 포근해지는 그런 비
추운 겨울을 잘 이겨냈다고 내리는 비
비는 몸보다 먼저 마음을 따뜻하게 만든다

여름에는
격정의 비를 맞고 싶다
맞으면 열정이 신록처럼 돋아나는 그런 비
뜨거운 태양을 이겨내라고 내리는 비
비는 이미 뜨거워진 심장을 적셔 준다

가을에는
조용한 비를 맞고 싶다
맞으면 현인처럼 겸손해지는 그런 비
이뤄놓았던 자만을 이겨내라고 내리는 비
비는 어느 순간 이성의 머리에 내려앉는다

겨울에는
흐뭇한 비를 맞고 싶다
맞으면 함께 나누고 싶어지는 그런 비
가진 것이 초라해도 슬픔을 이겨내라고 내리는 비
비는 어느덧 손바닥에 눈이 되어 쌓인다

지금은
기도하는 비를 맞고 싶다
한 해 한 해를 잘 보내라는

## 고집과 주관은 일란성 쌍둥이

"아빠! 고집이 세다는 것은 무슨 뜻이야?"
"어떤 사람은 그걸 고집이라고 표현하고 어떤 사람은 그걸 주관이라고 칭해!"
"어떨 때 그렇게 다르게 표현해?"
"그건 기분이 나쁘거나 좋을 때에 따라 다르지!"
"…"

· · · · · · · · · · · · · · · · · · · · · · · · · · · · · · · · · · · · · · · · · · · · · · · · · · ·

결과론적이지만 우린 그걸 고집 또는 주관이라고 표현합니다
아니, 자기 혼자는 표현하지 못하면서 남이 그럴 때 덩달아 따라 하는 경향이 있습니다

# 주관과 고집은 사전적(事前的) 의미로 구분하는 것이 아닙니다
　사후적(事後的)으로 구분해야 맞습니다

## 괴퍅(乖愎)은 안 되고 강퍅(剛愎)은 되고

"아빠! 저 사람은 성격이 괴팍한 거 같아!"

"그건 괴팍이 아니고 괴퍅(乖愎)이야!"

"뭐라고? 저 사람 성격이 괴팍한 것이 아니고 아빠가 더 괴팍하네?"

"…."

. . . . . . . . . . . . . . . . . . . . . . . . . . . . . . . . . . . . . . . .

가끔은 올바른 지적이 낭패를 보는 경우가 있습니다

올바른 지적이 나쁘지 않은데, 기분 때문에 매도되는 경우가 아쉽습니다

\# 지적은 옳고 그름을 구분할 수 있는 정의로운 놈이지만, 처세는 잘 하지 못 하는 놈 입니다

**괴퍅(乖愎)** : 성격이 붙임성이 없이 까다롭고 별남
**강퍅(剛愎)** : 성격이 까다롭고 고집이 셈

## 험담하면 힘 없는 사람이란 증거

"아빠! 왜 탈을 쓰고 춤을 추는 거야?"
"너 창피할 때 두 손으로 얼굴을 가리잖니? 그래서 그런 거야!"
"왜 창피한데?"
"빗대서 남을 욕하는 건데 얼굴을 보이면 안 되잖아!"
"왜 욕하는데?"
"그건 힘이 없기 때문이야"
"?…"

・・・・・・・・・・・・・・・・・・・・・・・・・・・・・・・・・・・・・・・・・

맞습니다
힘이 있었다면 숨어서 욕하진 않을 겁니다
뒤에서 욕하는 사람은 그래서 힘이 없는 사람인가 봅니다

# 힘 있는 사람은 욕하지 않습니다
   힘 있는 사람은 욕 먹어야 하는 사람을 자연스럽게 욕먹게 합니다
   힘 없는 사람은 직접 하고
   힘 있는 사람은 간접적으로 하기 때문입니다

## 원만하기만 하면 웬만한 것으로 전락한다

"아빠! 모난 돌이 정 맞는다는 말이 무슨 뜻이야?"
"그건 원만하지 않으면 안 된다는 뜻이야! 왜 있잖니? 조각할 때 튀어나온 곳이 있으면 둥글게 만들잖아!"
"튀어나오게 조각할 때도 그래?"
"엉?"

· · · · · · · · · · · · · · · · · · · · · · · · · · · · · · · · · · · · · · · · · · · · · · ·

평가는 결과론적인지 모르겠습니다
온갖 반대와 시기를 무릅쓰고 성공한 사람의 이야기, 아무도 따르지 않는데 묵묵히 자신만의 길을 걸어 성공한 이야기 등을 보면…
모난 곳을 둥글게만 하려고 하는 세상은 정작 튀어나와야 할 때가 있어도 똑같이 하려 합니다

\# 벚꽃 잎을 직접 하나하나 만들어 피우기란 여간 어렵지가 않습니다
　저절로 알아서 펴야 그루마다 수십만 개에서 수천만 개의 꽃을 피울 수 있는 겁니다
　내가 만들어 가는 세상은 어렵고 힘듭니다
　모두가 만들어 가는 세상이 흥미로운 것이 됩니다
　내 맘에 들지 않는다고 다 고칠 수는 없습니다

# 선수는 판정하지 않는다

"아빠! 왜 나만 갖고 뭐라고 그래?"
"네가 잘못했으니까 그렇지!"
"하지만 나만 잘못한 게 아니고 쟤도 잘못했는데?"
"평가는 잘못한 사람이 하는 게 아니야!
"그래도… 이잉…"
"…"

· · · · · · · · · · · · · · · · · · · · · · · · · · · · · · · · · · · · · · · · · · · · ·

자기가 아닌 누군가에 의해 평가될 것입니다
그것을 조용히 기다리면 됩니다
가끔은 내가 안다는 것만으로도 만족할 때가 있습니다


\# 사회에 적응하지 못하는 사람들의 공통적 특징은 자기가 평가한다는 데 있습니다
　스포츠 경기에서 선수가 판정을 하지는 않습니다
　그저 경기에 열중할 뿐…

## 끝나고 나면 아무것도 아닌 것을~

"아빠! 저렇게 먼 길을 언제 가?"
"왜? 힘들어서?"
"응!"
"그럼 가지마!"
"안 가면 안 되잖아?"
"그럼 가고!"
"…."

· · · · · · · · · · · · · · · · · · · · · · · · · · · · · · · · · · · · · · · · · · ·

가는 방법은 여러 가지가 있을 겁니다
언제 갈까 걱정만 하면서 가는 경우,
걱정만 하고 가지 않는 경우,
아무 생각 없이 가는 경우,
도착하기 위해 열심히 가는 경우,
만약에 가야만 한다면 마지막을 택하겠습니다


\# 갈 길이 멀다고 푸념하는 사람은 목적지에 도달할 때까지 불평을 합니다
　불평은 처음에 한 번 하든지 아니면 마지막에 한 번 하는 것이 프로의 자세입니다

## 거울은 자신을 닦아야만 사물을 비출 수 있어

"아빠! 난 커서 다른 사람들을 도와주는 사람이 될 거야!"
"그러기 위해서 뭘 할 건데?"
"…"
"남을 비추기 위해서는 우선 자기를 닦아야 해! 거울처럼"

· · · · · · · · · · · · · · · · · · · · · · · · · · · · · · · · · · · · · · · · · · ·

곳간에서 인심 난다는 말은 먼저 준비해서 성공해야 한다는 뜻일 겁니다

# 거울을 자주 찾는 이유는 거울이 잘나서가 아닙니다
　거울은 잘났든 못났든 간에 모든 사람을 비춰주기 때문입니다

# 형식(形式)이 형, 마음

"아빠! 병문안 갈 때는 과일이나 음식보다도 환자가 편안하게 생각하면서 보낼 수 있도록 좋은 책을 선물하는 것이 좋대!"
"생각해 보니 정말로 그렇네!"
"근데, 눈 수술한 친구에겐 뭐가 필요해? 책이 필요 없잖아!"
"그럴 땐… 으흠, 그럴 때도 책이 필요해!"
"그건 왜?"
"읽어줄 사람이 네가 되면 되잖아!"
"아하…"

• • • • • • • • • • • • • • • • • • • • • • • • • • • • • • • • • • • • • • • • • •

진짜 필요한 것은 마음부터일 겁니다
필요 없는 책도 가장 요긴하게 쓰려고 한다면…

\# 아마추어는 선물을 고를 때 자기 맘에 드는 것으로 합니다
　프로는 받을 사람에 맘에 드는 것으로 합니다
　그러나 무엇보다도 선물보다 마음이 가는 것이 중요합니다

## 전화위복(轉禍爲福)을 빌어 줘야지
## 자신의 전화위복(前火謂福)을 빌지 말자

연초에 회식하던 사람이 식당에 불이 나서
회식 도중에 나오면서 하는 말이
불나기 전까지 먹었던 음식값을 내지 않아
기분이 좋았고(물론 내려 했으나 주인이 한사코 받지 않은 모양이다. 불은 금세 꺼졌다)
불을 봐서
올해 사업이 대박 날 조짐이라며
기뻐했다

과연 그동안 먹은 음식값을 내지 않고
불난 집을 보며 자기의 올해 운수를 빌어도 되는가?

우선 불난 집을 걱정하고
자기가 먹은 음식값을 주인이 받지 않는다 해도
내야 하는 것 아닌가?
가뜩이나 불이 나 속상해하고 있을 텐데…

그 주인에게 전화위복(轉禍爲福)을 빌어줘야지
자신의 전화위복(前火謂福)으로 삼아서는
안 될 것이다

전화위복(轉禍爲福)

화가 바뀌어 오히려 복이 된다는 뜻으로,
어떤 불행(不幸)한 일이라도 끊임없는 노력(努力)과 강인(强靭)한
의지(意志)로 힘쓰면 불행(不幸)을
행복(幸福)으로 바꾸어 놓을 수 있다는 말

(네이버 한자사전)

전화위복(前火謂福)

남의 집에 불난 것을 보고 자기에게 복이 있을
것이라 비는 행위

올해부터는 남의 불행을 자기의 행복으로
위안 삼지 않는 해가 되길 기원해 본다

**인성(人性)편 219**

## 친구는 그림자 같은 존재

"아빠! 그림자는 왜 맨날 나만 따라다녀?"
"그건 네가 있기 때문이야!"
"없으면 따라다니지 않아?"
"그럼!"
"그럼 흐린 날에는?"
"엉?"

· · · · · · · · · · · · · · · · · · · · · · · · · · · · · · · · · · · · · · · · · · · · · · ·

친한 사람은 언제나 같이 있습니다
비록 없는 것처럼 보일지는 몰라도…


\# 흐린 날에 그림자가 보이지 않듯 친구는 그런 존재여야 합니다

## 눈은 죄가 없다 눈빛이 죄가 있을 뿐

"아빠! 눈은 마음의 창이란 말이 뭐야?"
"눈을 보면 그 사람을 훤히 알 수 있다는 뜻이야!"
"그럼 나쁜 사람은 눈에 나타나?"
"그러엄 ~"
"그럼 경찰 아저씨가 나쁜 사람 잡을 땐 눈 나쁜 사람만 골라잡으면 되겠네?"
"엉?…"

· · · · · · · · · · · · · · · · · · · · · · · · · · · · · · · · · · · · · · · · · · · · · · · · ·

금방 봐서는 알 수 없습니다
오랜 시간을 겪어봐야 그 사람 눈을 보면 무엇을 얘기하고 싶은지 무슨 생각을 하는지 알 수 있을 것 같습니다

\# 눈빛은 의도입니다
   눈은 단지 의도를 보여주는 화면일 뿐입니다

## 위인이라고 100% 다 훌륭하지는 않아

"아빠! 위인전(偉人傳) 보면 어릴 때부터 굉장히 훌륭한 사람으로 생활했다고 해! 정말이야?"
"그럼 그 사람은 뜻이 있어서 처음부터 그 길을 가기 위해 열심히 살았지!"
"정말로 나쁜 짓은 하나도 안 했어?"
"그럼!"
"그럼 난 그동안 나쁜 짓 한 것 같은데, 훌륭한 사람이 못 되겠네?"
"엉?"

· · · · · · · · · · · · · · · · · · · · · · · · · · · · · · · · · · · · · · ·

너무 쉽게 얘기한 것 같습니다
장단점을 보여주며 단점을 고쳐나가는 인간의 모습을 알려줬어야 하는 건데…

\# 모든 점이 훌륭한 사람은 없을 겁니다
   그러나 모자란 부분보다 훨씬 더 훌륭한 부분이 많기 때문에 존경하는 것입니다

## 언제나 자기와 경쟁해야~

"아빠! 달리기하다 보면 상대방이 자꾸 날 이길 것만 같아서 포기하고 싶을 때가 많아!"
"상대방을 의식하지 않으면 되잖아?"
"그게 쉽지가 않아!"
"그럼 혼자 뛰면 되잖아?"
"…."

· · · · · · · · · · · · · · · · · · · · · · · · · · · · · · · · · · · · · · · · · · · · · · ·

경쟁에서 자꾸 힘들어진다는 생각이 들 때가 있습니다
경쟁하는 것이 상대방이 아니라 자기라고 생각하고 하면 조금은 쉬워지지 않을까 생각합니다

\# 경쟁에서 상대를 의식하는 것은 아마추어입니다
   프로는 상대를 의식하지 않고 자기 길을 그저 갈 뿐입니다

# 기분 내면 지는 거다

"아빠! 손가락 꺾을 때 소리 나면 시원해?"
"그럼!"
"소리가 안 나면?"
"시원한 느낌이 안 들어!"
"느낌이 그렇다는 거야?"
"그럼!"

· · · · · · · · · · · · · · · · · · · · · · · · · · · · · · · · · · · · · · · · · · · · · · ·

기분은 좋을지 몰라도 몸에는 아주 안 좋습니다
불만을 얘기하는 것으로도 절반은 해소가 된다는 말이 있습니다
그러나 그것은 기분의 문제입니다
기분으로만 살아서 실리를 놓치는 경우가 허다합니다

\# 우리는 두 가지 중 하나를 선택해야 합니다
　불만을 토로하고 미움을 받을 것인가, 아니면 마음속에 감춰두고 사랑을 받을 것인가~
　속 시원함을 느끼고 손해를 볼 것인가~
　아니면 답답해도 참고 손해를 보지 않을 것인가~

## 폼만 내면 피곤해 져

"아빠! 멋있다는 건 자기 자신이 멋있다고 생각해야 돼? 아니면 남이 그렇게 평가해야 돼?"
"글쎄… 나 자신만 멋있다고 하면 남이 알아주지 않을 테고, 남에 의해 멋있다고 평가받으면 언제나 남을 신경 써야 되고…"
"그러면 이래저래 피곤하겠네? 차라리 멋없는 편이 속 시원하겠다!"
"글쎄?…"

······································

어쨌든 간에 얽히면 힘들어집니다
사람 사는 세상에 얽히지 않는 방법이 있다면 좋으련만…
사랑과 정으로만 얽힌 세상을 그리면서…


\# 잘 나서 힘든 세상, 못 나서 힘든 세상입니다
　어떻게 하든 힘든 세상입니다
　이런 세상에 주관마저 없다면 더욱 힘들 것입니다

## 기준을 높여 놓으면 지금 하는 일은 아무것도 아니야~

"아빠! 생각보다 힘들 땐 어떻게 해?"
"생각한 것보다 더 힘들어서 그래?"
"응!"
"그럼 생각의 기준을 조금 높여 봐!"
"엉?"

· · · · · · · · · · · · · · · · · · · · · · · · · · · · · · · · · · · · · · · · · · · · · · · ·

역경과 고난을 헤쳐나가는 방법은 많습니다
그러나 우선 나부터 바꾸면 될 수 있는 일을 먼저 생각해야 될 것 같습니다

\# 남들보다 기준을 약간 높이면 모든 일이 힘들지 않습니다
　남들과 기준이 같다면 힘들 것이고
　남들보다 기준이 낮다면 도전조차 하지 못할 것입니다

## 못과 바늘

못은 날카로운 끝을 가지고 있다
그리고
못의 머리는 납작하다
머리가 납작한 것은
망치를 받기 위함이다

끝이 아무리 날카로워도
힘을 받지 못하면
무용지물이다

그래서 못의 머리가 납작한 것이다

끝이 뾰족한 바늘이 있다
그러나 바늘 혼자서는
아무 일도 할 수 없다

그런데 머리가 납작하지는 않아도
사람의 힘을 빌려
찌를 수는 있는 것이다

이처럼

못과 바늘이 날카로움을 가졌다 해서

자기 힘만으로

목표를 이룰 수는 없다


반드시

조력이 필요한 것이다

## 몸보다는 생각이 근면해야~

"아빠! 이 많은 계산을 계산기는 매일 그것도 아주 빨리 하고 있어!"
"부지런하지 않으면 그렇게 못하지…"
"무슨 말이야? 계산기가 부지런하다니?"
"우리가 겉으로 볼 때는 단순한 것 같은데, 사실 내부적으론 무척 빨리 돌아가거든…"
"무슨 말인지 모르겠어!"
"배가 고픈데 맛있는 빵을 쳐다본다고 생각해 보렴! 눈으론 단순히 쳐다보기만 할 뿐인데, 머릿속에는 '너무 맛있겠다! 냄새가 좋다! 한 입 먹는 생각, 몇 개 더 먹는 생각, 배부른 생각, 행복한 생각' 등등이 빠르게 생각나잖니?"
"아하…"

· · · · · · · · · · · · · · · · · · · · · · · · · · · · · · · · · · · · · · · · · · · · · · · · ·

성공하는 사람은 이유가 있습니다
바로 부지런하다는 겁니다
몸이 부지런할 수도 있고 생각이 부지런할 수도 있고…

\# 생각이 부지런한 사람이 성공합니다
  몸이 부지런한 사람은 그다음입니다
  생각 부자가 되어 보는 것이 어떨까요?

## 소통의 바닥에는 언제나 이성이 있어야~

"아빠! 세상에서 가장 힘든 게 뭐야?"
"그건 보채는 아이 달래는 거란다!"
"그게 그렇게 힘들어?"
"적어도 말이 통하지 않을 때는 그래!"

· · · · · · · · · · · · · · · · · · · · · · · · · · · · · · · · · · · · · · · · · ·

사람 사이가 어렵다는 것은 서로 말이 통하지 않는다는 데에 있습니다 그러나 말을 하지 않아서 통하지 않을 때보다 오히려 말을 해서 더더욱 통하지 않을 때가 더 힘든가 봅니다

# 가장 힘든 상황은 화해하고자 만났는데 더욱더 간극이 벌어지는 것입니다
  양보하고자 하는 마음 없이 화해만을 주장해서 생기는 결과입니다

## 인생, 시작만 있고 끝이 없는 경기

"아빠! '시작'이란 말은 처음에 새로 한다는 말이지?"
"아니, 그건 오히려 다시 한다는 말일 거야!"
"…."

• • • • • • • • • • • • • • • • • • • • • • • • • • • • • • • • • • • • • • • • • • • • •

너무나도 시작을 자주 해서 그런가 봅니다
시작은 끝을 보려고 하는데 사람은 언제나 다시 시작하곤 합니다

\# 언제나 다시 시작하고자 하는 것이 용기입니다
　끝없는 경기에서 그저 주저앉을 수는 없기 때문입니다

## 하기 싫은 일을 하는 사람이 성공하는 사람

"아빠! 하기 싫은 일을 왜 해야 하는 거야?"
"당장 하기 싫은 일도 하면 나중에 좋으니까 그렇지!"
"하기 좋은 일은 어떤데?"
"사실 열심히 하는 사람에겐 하기 싫은 일이란 없는 거란다!"
"…"

· · · · · · · · · · · · · · · · · · · · · · · · · · · · · · · · · · · · · · · · · · · · · · · · ·

'하기 좋고 안 좋고'가 어디 있겠습니까?
마음의 문제일 겁니다
아무리 좋은 것이라도 하기 싫은 것을 보면…
반대로 아무리 나쁜 것이라도 좋은 것으로 만드는 것은 아주 훌륭한 일이나 아무나 하질 못합니다

\# 하기 싫은 일을 하는 사람이 성공하는 법입니다
　누구나 귀찮아하는 일을 귀찮지 않게 바꾸는 것이 성공하는 길입니다

# 같이 가는 친구, 가치관(價値觀)

"아빠! 생각이 다른 사람끼리도 친구가 될 수 있어?"

"생각만 다르다면 친구가 될 수 있지!"

"그래?"

"생각하는 것은 누구나 달라! 단, 가치관이 다르면 친구가 되긴 힘들어!"

"그런데도 친구가 되는 경우는 뭐야?"

"그걸 그들은 친구라고 하는데 사실 친구일 수가 없지!"

"…."

························································

당장 서로 웃고 있는 모습을 보인다고 해서 친구가 될 순 없습니다
친구란 남들 앞에서 가면을 쓰는 경우는 없으니까요!

\# 같이 가려면 생각이 같아야 합니다
　일부 행동이 다를지언정 생각만큼은 꼭 같아야 합니다
　그것이 같이 가야 하는 친구입니다

## 질투는 사랑의 다른 말, 시기는 미움의 다른 말

"아빠! 시기란 뭐야?"
"나보다 잘난 모습을 보면 잘했다고 칭찬하는 것이 아니고 화를 내는 것을 말해!"
"그럼 시기하는 것은 나쁜 거네!"
"그럼! 시기란 자기는 노력하지 않고 남이 잘못 되는 것만 바라는 것을 말해! 그래서 질투는 사랑이 있지만, 시기는 미움만 있는 거란다!"
"두 개가 다 있는 것은 어쩌면 '부러움'인지도 모르겠네?"
"…"

· · · · · · · · · · · · · · · · · · · · · · · · · · · · · · · · · · · · · · · · · · · · · · · · · ·

시기해도 좋고 질투해도 좋고 부러워해도 좋습니다
다만 올바르게 승화될 수만 있다면 말입니다


\# 사랑이 가득 찬 질투는 용납되어도 미움으로만 뭉친 시기는 용납할 수 없습니다
  그러나 부러움을 이겨내려는 노력만 있다면 이러한 논의는 무의미합니다

## 의(義)로운 사람인가 이(利)로운 사람인가

"아빠! 커서 성공한다는 건 어떻게 된다는 걸 말해?"
"많은 사람들이 따르느냐 아니냐에 따라 성공했느냐 아니냐를 판단할 수 있지!"
"그럼 소인배 같은 사람들이 많이 따라다니는 사람도 성공한 거야?"
"적어도 지금은 그런 것 같네~"
"…"

• • • • • • • • • • • • • • • • • • • • • • • • • • • • • • • • • • • • • • • • • • • • • •

군자는 의(義)로써 사귀고 소인은 이(利)로써 사귑니다
요즘은 무엇으로 뭉쳤느냐를 보는 것이 아니라 얼마나 많이 뭉쳤는가를 보는 세상입니다

# 견리사의(見利思義)는 '이익을 보면 의로운지를 먼저 생각하라'는 뜻입니다
   즉 의롭지 않으면 이득을 취하지 말라는 뜻인데, 이처럼 利와 義가 조화를 이룬다면 좋은 결과를 가져온다는 뜻이기도 합니다
   그러므로 의로운 사람이 되어 이로운 행동을 베풀면 좋을 듯합니다

## 일도 사랑도 만나야 이뤄진다

"아빠! 우리 주변엔 도형이 아주 많은 것 같아!"
"왜?"
"대문을 보면 사각형이 생각나고, 복조리를 보면 삼각형이잖아!"
"그렇지! 모두 다 2개 이상이 만나지 않으면 만들 수 없는 거란다!"
"근데, 맨홀을 보면 원이잖아? 2개 이상 만나는 게 아닌데?"
"그렇네! 2개 이상이 만나거나 하나가 있어도 연결되어야만 하네?"
"응"

. . . . . . . . . . . . . . . . . . . . . . . . . . . . . . . . . . . . . . . . . . . . . .

도형이 되려면 누군가를 만나야 합니다
그렇지 않고 도형을 만들 수 없습니다
인생이 그런가 봅니다
2개 이상이 이미 만나거나
만약 혼자 있다 하더라도 결국은 다른 쪽과 이어지지 않으면 만들어 갈 수가 없다는 것을 보면…

# 혼자 사는 세상이 아닙니다
　같이 사는 세상입니다
　그러면 가족도 친구도 늘어날 것입니다

## 먼저 기대하지 말고 노력해라

1000000

앞에 0이 붙으면

01000000

0이 더 붙으면

001000000

0이 많이 붙어도

00000…01000000

결국

1000000이란 존재는 변함이 없다

1(일)보다 앞선 결과다

(욕심과 말이 앞선 것이다)

그런데

1000000

뒤에 0이 붙으면

10000000

0이 더 붙으면

100000000

0이 아주 많이 붙으면

10000000000…0000

만약에

1000000의 뒤에 0이 더 붙으면 생활의 여유가 생기고

10000000의 뒤에 0이 더 붙으면 생활의 품격을 견지할 수 있다

그리고 뒤에 계속 0이 더 붙어 나간다면

Noblesse obligée(노블레스 오블리제)를

실천할 수 있다

바로

1(일) 뒤에 있었기 때문이다

(盡人事待天命)

-----월급 100만 원 세대를 보며 단상에 젖는다

# 이성 잃은 융통성은 원칙을 뭉갠다

"아빠! 원칙이란 좋은 거야?"
"그건 아주 좋은 거란다! 아무나 마음대로 하는 것을 막을 수가 있지!"
"그럼 융통성은 뭐야?"
"응 그건 원칙적이지 못한 사람이 원칙적인 사람에게 욕할 때 쓰는 말이야!"
"그럼 융통성이 없는 사람이 나쁜 건 아니네?"
"응 적어도 원칙적이지 못한 사람들이 내뱉는 말이라면…"

..........................................................

원칙이 융통성에 지고 있습니다
융통성이 가면을 쓰고 원칙을 학대하고 있습니다
변별력이 없거나 또는 대세에 따르고자 하는 다수를 상대로 호도하고 있습니다

\# 원래 융통성이란 놈은 변덕쟁이입니다
　원칙주의자에게는 무장해제를 요구하고 무원칙주의자에게는 원칙을 요구합니다
　이성으로 무장하지 않은 융통성과 대화하면 안 됩니다

## 입은 먹는 기능과 말하는 기능을 가졌다

"아빠! 왜 사람들은 입을 조심하라고 해?"
"그건 말을 함부로 하거나 가벼이 해서 남에게 해를 주거나 자기가 해를 입게 되니까 그래!"
"그것 말고는 없어?"
"글쎄… 아무튼 말할 땐 조심해야 하는 거야!"
"먹지 말아야 하는 것을 먹을까 봐 그러나?"
"…"

· · · · · · · · · · · · · · · · · · · · · · · · · · · · · · · · · · · · · · · · · · ·

이제 입은 과거의 입이 아닙니다
말하는 것 말고도 먹어야 할 것 먹지 말아야 할 것 또 있으니까요!

\# 입처럼 신체 중에 하나만 있는 기관은 조심하라고 만든 것입니다
　두 개가 있는 기관은 하나를 잃어도 살아갈 수 있지만 하나뿐인 기관은 잃으면 생명을 잃게 됩니다
　입은 말하거나 먹을 때 쓰이는 기관입니다
　말하거나 먹을 때 조심하라는 뜻입니다

# 시켜야 하는 사람, 알아서 하는 사람

"아빠! 사람은 시키지 않으면 하지 않는 게 보통이야?"
"대부분이 그렇지!"
"시키지 않아도 잘하는 사람은 드물겠네?"
"그러엄!"
"그럼 그 사람은 훌륭한 사람이야?"
"그러엄!"
"그럼 훌륭한 사람은 찾아보기 힘들겠네~"
"…"

· · · · · · · · · · · · · · · · · · · · · · · · · · · · · · · · · · · · · · · · · · · ·

정말로 인간사회는 대부분이 평범하고 평범하지 않은 그 아래와 위는 극소수의 사람이 존재하는가 봅니다
평범을 뛰어넘으면 좋은 결과를 볼 수 있을 것 같습니다

\# 평범은 사람들이 대부분인 사회에서 비범한 사람이 살아갈 때 필요한 덕목은 평범한 사람보다 그저 약간 더 다를 뿐이라는 의식을 심어줘야 합니다
그렇지 않으면 시기를 받거나 따르지 않을 테니까요~

# 사랑은 미움의 겉면

"아빠! 사람이 미워지는 건 왜 그래?"
"그건 사랑스럽지 않기 때문이야!"
"왜 사랑스럽지 않은데?"
"그건 밉기 때문이지!"
"왜 미운 건데?"
"같은 말을 또 해야겠니?"
"아니!…"

. . . . . . . . . . . . . . . . . . . . . . . . . . . . . . . . . . . . . . . . .

미움과 사랑은 결론입니다
만약에 미움을 원치 않는다면 결론에 도달하지 않도록 주의하시기 바랍니다
그러나 사랑을 원치 않는다면 처음부터 보지 말아야 할 겁니다


\# 사랑의 껍질을 벗기면 미움이 나타납니다
   그래서 사랑은 껍질이 벗겨지지 않도록 감싸는 것입니다

# 나에게 돌아오는 행동은 나의 메아리

"아빠! 어떤 사람에겐 말을 하고 싶지 않은데 왜 그런 거야?"
"응 그건 그 사람에게 말했을 때, 돌아오는 말이 무섭기 때문일지도 몰라!"
"무섭다고?"
"가령 내가 한마디 했는데 두 마디를 한다든가, 농담을 했는데 지나치게 받아친다든가, 좋은 말을 했는데 거친 말이 나온다든가, 뭐 그런 거지!"
"그 사람은 원래 그런 거야?"
"아니 사실 그건 내가 만든 건지도 몰라!"
"…"

· · · · · · · · · · · · · · · · · · · · · · · · · · · · · · · · · · · · · · · · · · · · · · · · · · ·

대인관계를 만들어가는 것은 당사자지만, 상대방을 만들어가는 것은 바로 자기입니다

\# 놀라운 사실은 말과 행동은 내가 했지만 상대방의 말과 행동을 낳는 결과를 가져 온다는 겁니다

# 김칫국부터 마시는 건 입이 아닌 눈

"아빠! 맛있는 건 어디서 먼저 느끼는 것 같아?"
"그야 입이지!"
"난 아닌 거 같아!"
"응?"
"눈으로 보거나 마음으로 생각만 해도 군침이 넘어가는 것을 보면…"
"…."

· · · · · · · · · · · · · · · · · · · · · · · · · · · · · · · · · · · · · · · · · · · · · · · · · ·

행복은 행복한 순간을 기다리는 것일지도 모릅니다
행복한 순간이 막상 온다면 그 가치가 절감될 것 같아서요
왜냐하면 기다리는 동안 너무너무 행복했기 때문입니다


# 흔히들 소풍 가기 전날이 가장 설렌다고들 합니다
　막상 소풍 당일은 그저 그렇다는 겁니다
　왜냐하면 소풍의 기쁨을 설렘으로 미리 다 써버렸기 때문입니다
　설렘은 과소비입니다

# 눈은 마음의 메신저

"아빠! 신체 중에서 가장 착한 곳은 어디야?"
"착하다면 그것은 눈일 거야!"
"왜?"
"눈은 마음의 창이기 때문이지!"
"내가 보기엔 마음이 가장 나쁜데도?"
"왜?"
"마음은 하루에도 수십 번씩 바꾸지만 한 번도 내색하지는 않아! 그동안 남을 속이는 거지!"
"…"

· · · · · · · · · · · · · · · · · · · · · · · · · · · · · · · · · · · · · · · · · · · · · · · · ·

그런 마음을 대변하는 것이 눈이니 눈은 얼마나 피곤할까?
그러나 너무 감추지 않고 드러내는 것도 너무 피곤한 일인지도 모릅니다

\# 보이지 않는 것은 생각을 여러 번 바꿀 수 있습니다
   왜냐하면 아무도 모르기 때문입니다
   그러나 보이는 것은 바꾸기가 어렵습니다
   이미 들켜버렸으니까요~
   그래서 보이는 것은 조심해야 되는 것입니다

## 이성의 어린 시절은 감성

"아빠! 언제나 침착하게 행동하라는 말은 왜 하는 거야?"
"사람은 가끔 당황한 일을 당했을 때 섣부른 판단이나 유치한 행동을 하게 되거든! 그래서 그럴 때에도 이성을 잃지 말고 현명하게 대처하라고 하는 거야!"
"학교에 있는 여자친구 앞에서 자꾸 바보 같은 짓만 해서 걱정이야!"
"그땐 바보 같아도 괜찮아!"
"…."

· · · · · · · · · · · · · · · · · · · · · · · · · · · · · · · · · · · · · ·

이성으로써 감성을 언제나 통제할 순 없습니다
가끔은 감성에 몸을 맡기는 것도 현명할 듯합니다


\# 나이가 들면서 감성이 사라지고 이성만 남게 됩니다
   그것은 바로 결과를 의식하기 때문입니다
   첫사랑이 실패하는 이유는 감성적이지 못 하고 이성적이기 때문입니다
   실패할지도 모른다는 결과를 의식했기 때문입니다
   그러나 감성에 충실하면 결과는 어떻게 나오든 상관없을 겁니다

# 두 눈으로는 양쪽을 볼 수 없다

"아빠! 사랑은 베푸는 데 한계가 있나 봐!"
"왜?"
"한쪽을 사랑하면 다른 쪽을 사랑할 수 없잖아!"
"다른 쪽도 사랑하면 되잖아?"
"그게 가능하다고 봐?"
"글쎄… 아니!"
"…"

· · · · · · · · · · · · · · · · · · · · · · · · · · · · · · · · · · · · · · · · · · · · · ·

마음으론 그럴 수 있을지도 모릅니다
그러나 우리는 너무나 많은 것을 요구합니다
실제 할 수 없는 일까지도…


\# 두 눈으로는 사물의 전체를 볼 수 있어도 떨어져 있는 양쪽을 동시에 볼 수는 없습니다
  사랑도 그렇습니다
  동시에 사랑할 수는 없는 것입니다

## 마음은 언제나 두 갈래

"아빠! 좋고 나쁨을 간단하게 구별 짓는 방법이 뭐야?"
"네 마음의 문제지!"
"무슨 소리야?"
"좋은 일은 하고 싶을 거고 나쁜 일은 하고 싶지 않겠지!"
"나쁜 일을 하고 싶으면?"
"그건 네가 나쁜 거야!"
"…"

· · · · · · · · · · · · · · · · · · · · · · · · · · · · · · · · · · · · · · · · · · · · · · · · · · ·

좋고 나쁨을 구분하는 방법은 의외로 어렵습니다
그래서 가끔은 남들의 평가에 의존하는 경향이 있습니다

\# 무엇이 좋고 무엇이 나쁜 것입니까?
  모두 다 자기를 기준으로 평가하지는 않았나요?
  그리고 사실보다는 마음에 의존하지는 않았나요?

## 부럽다면 얻으려고 노력해 봐

"아빠! 아빠는 부러운 게 뭐가 있어?"
"쳐다보는 것이 죄다 부럽지 뭐!"
"그럼 쳐다보지 않으면 될 거 아냐?"
"…."

· · · · · · · · · · · · · · · · · · · · · · · · · · · · · · · · · · · · · · · · · · ·

100% 만족하는 사람은 없듯이 부러워하지 않는 경우도 없을 겁니다
다만 부러워만 한다면 평생 얻지 못할 겁니다

\# 일반적 사람들은 부러워만 합니다
   왜냐하면 가지려는 힘든 과정을 두려워하기 때문입니다
   부러워하는 것도 권리입니다
   얻으려 하지 않는 사람들은 부러워할 자격도 없는 것입니다

## 머릿속의 약속은 공허한 메아리, 밖으로 나와야 진정한 약속

"아빠! 남과 하는 약속보다 자기와 하는 약속이 더 중요하다며?"
"그만큼 책임감이 중요하다는 뜻이겠지!"
"그럼 남과 하면 잘 지키고 자기와 하면 안 지켜도 된다는 말이야?"
"그런 셈이지!"
"왜?"
"자기와의 약속은 뭐라고 하는 사람이 없거든~"
"그럼 뭐라고 할까 봐 지키는 거야?"
"그렇다고 볼 수 있지!"
"…."

· · · · · · · · · · · · · · · · · · · · · · · · · · · · · · · · · · · · · ·

책임에 대한 평가가 뒤따라야만 책임을 지키는 풍토입니다
결과를 봐야만 그 평가를 할 수 있는가 봅니다
그래서 사람은 점점 숫자에 노예가 되어가는가 봅니다


\# 누군가 말을 해야 움직입니다
 반성도 책임도 자리를 차지하고 있으면 알아서 판단하고 움직여야 합니다
 누군가에 의해 밀려나거나 책임을 피할 수 없게 된다면 낭패를 더 겪을 수 있기 때문입니다

# 이(2)성보다는 열(10)정으로

"아빠! 이건 아무리 해도 안 되는 것 같아!"
"아냐! 그건 아직 마무리를 하지 않아서 그래!"
"…"

• • • • • • • • • • • • • • • • • • • • • • • • • • • • • • • • • • • • • • • • • • • •

아무리 해도 안 되는 것이 있나 생각해 봅니다
모르긴 해도 아마 있을 듯합니다
그러나 우리는 간혹 너무 쉽게 포기하는 경향이 있습니다


# 포기하지 않으면 끝난 것이 아닙니다
    포기는 합리적 판단을 했을 때 주로 일어납니다
    포기하고 싶을 때에는 이성보다 열정으로 다뤄야 합니다
    2성(이성)보다 10정(열정)이 더 크니까요~
    그리고
    포기하지 않으면 아직 실패한 건 아닙니다
    그러나 포기하지는 않은 채 아무것도 하지 않는다면 성공도 이룰 수 없습니다
    포기하지 말라는 뜻은 성공할 수 있도록 노력하라는 뜻입니다

## 성공하는 사람 실패하는 사람

성공하는 사람

자기 주변에 자기와 비슷하거나 뛰어난
사람이 많은 사람

실패하는 사람

자기 주변에 자기보다 못난 사람이
많은 사람

그러므로
지인들 앞에서 우쭐댈 것이 아니라
배우고자 하는 태도가 중요하다

지인들 앞에서
언제나 말이 많은 사람은 자기보다
못난 사람을 옆에 두었거나,
주책이 없는 사람이라는 증거

각기 다른 전문분야를 가진
지인을 가진 사람이 풍족하고
행복한
사람이다

# 결혼도 다른 부족 간에 해야 하는 이유가 있는 거야

"아빠! 사람은 끼리끼리 만나는 법인가 봐!"
"왜?"
"저 사람들 봐! 다 비슷비슷하잖아?"
"끼리끼리 만나면 좋은 점과 나쁜 점이 뭘까?"
"좋은 점은 마음이 통하니까 좋고 나쁜 점은 어… 비슷하니까 나쁠 수도 있겠네!"
"^^"

· · · · · · · · · · · · · · · · · · · · · · · · · · · · · · · · · · · · · · · · · · ·

유유상종(類類相從)을 빨리 탈피해야 발전이 올 듯합니다
똑같으면 차이를 모르고 지내기 때문입니다
비로소 다른 것을 보았을 때 차이를 느끼게 되는 거지요!

\# 똑같으면 편합니다
　그러나 불편한 점을 찾지 못하기 때문에 개선하기가 어렵습니다
　그런 반면
　생각이 같은 사람들이 모이면 일을 빨리 하게 되고
　생각이 다른 사람들이 모이면 일은 느려도 삶은 풍요로워집니다

## 권세와 지위가 신사를 만든다

"아빠! 대인관계를 잘 만들어가는 것이 살아가는데 좋은 거라며?"
"그렇지!"
"그럼 나도 대인관계에 신경 써야지!"
"어려서 너무 신경 쓰면 안 좋아!"
"왜?"
"대인관계는 꼭 내가 원한다고 되는 건 아냐!"
"?"
"그리고 지위가 높아지면 저절로 생기기도 하지!"
"?"
"그래서 먼저 지위를 높이려는 노력이 더 필요해!"
"…"

∙∙∙∙∙∙∙∙∙∙∙∙∙∙∙∙∙∙∙∙∙∙∙∙∙∙∙∙∙∙∙∙∙∙∙∙∙∙∙∙∙∙∙∙∙∙∙∙∙∙∙∙∙

열심히 쌓아왔던 관계보다도 지위에 따라 한순간에 한꺼번에 얻어지는 경우가 있습니다
한꺼번에 쌓은 것에 대해서는 질의 문제를 거론하지만 그 지위에서 질을 변화시킬 수도 있습니다

\# 지위와 권세가 인품과 인격이 높은 신사를 만들지만, 사실 지위와 권세를 얻기까지는 엄청난 자기 노력이 필요한 것입니다

## 화는 반드시 스트레스 해소로 풀어야

"아빠! 화를 잘 내는 사람은 그렇지 않은 사람에 비해 20% 더 사망할 확률이 높대?"
"될 수 있으면 화를 내지 말아야겠는걸?"
"화를 내지 않는 방법이 있을까?"
"그 방법은 없을 거야! 그러나 이런 방법은 있어!"
"?"
"화를 내도 그것을 스트레스 해소로 푼다면…"
"…."

· · · · · · · · · · · · · · · · · · · · · · · · · · · · · · · · · · · · · · · · · · · · · · · · · · ·

화를 내는 것이 다 똑같을 순 없습니다
화를 지니는 것이 위험한 게 아닌가 합니다
오히려 화를 내어 스트레스를 해소시킨다면 생명이 더 이로울 듯합니다


# 사람은 순환하지 않으면 위험합니다
　스트레스가 들어왔다면 해소시키거나 없어지게 만드는 것이 중요합니다
　몸속에 남겨진다면 위험해지거든요~
　들어온 것을 내보내는 기술
　순환의 미학입니다

# 가까운 곳만 보면 나중에 먼 곳을 못 봐

"아빠! 가끔은 멀리 볼 줄 알아야 한다는 말이 뭐야?"
"가까운 곳만 보면 시력이 나빠지기 때문이야!"
"응?"
"가까운 것만 보면 잘 보이기는 하는데… 나중엔 멀리 볼 수 없을 정도로 눈이 나빠지지!"
"…"

· · · · · · · · · · · · · · · · · · · · · · · · · · · · · · · · · · · · · · · · · · · · · ·

편한 것만 추구하면 어려움을 모르고 살며 대처할 줄 모를 겁니다
그것이 편한 것을 추구한 대가인 것입니다

\# 먼 곳보다 가까운 곳이 더 잘 보입니다
그리고 가까운 곳을 보기가 쉽습니다
그러나 자꾸 가까운 곳만 보게 되면 나중에 시력을 잃게 되어 먼 곳은커녕 가까운 곳도 보지 못하게 됩니다

## 큰 그릇은 작은 물건도 담아낼 수 있지

"아빠! 왜 크고 넓게 보라는 거야?"
"크고 넓게 보면 여유가 생기거나 더 많이 볼 수 있어서 그렇지!"
"어떻게?"
"만약에 작은 것만 보는 사람은 큰 것이 뭔 줄 모르지! 자기가 지금 보고 있는 것이 가장 큰 것으로 알거든!(더 큰 게 없으니까) 그러나 큰 것을 보는 사람은 작은 것도 보이기에 작은 것이 어떤 건 줄 알기 때문이란다!"
"그래도 자세히는 보지 못하잖아!"
"^^;"

· · · · · · · · · · · · · · · · · · · · · · · · · · · · · · · · · · · · · · · · · · · · · · · · ·

큰 그릇은 작은 그릇을 담을 수 있으나 작은 것은 그렇지 못하다
그것은 크기가 작아서가 아니라 더 큰 것을 모르기 때문일 겁니다

\# 바닷물은 커다란 강물이나 작은 시냇물을 모두 받아들입니다
　그러나 작은 시냇물은 커다란 홍수를 견뎌내지 못합니다
　그래서 넓고 큰 사람이 되라고 주문하는 것입니다

## 성공은 실수를 줄여가는 것

"아빠! 성공하는 사람들의 특징은 어때?"
"잘해서 성공하는 경우도 많지만 실수를 최소화해서 그러는 경우도 많단다"
"실수?"
"예를 들면 기회를 놓치지 않고 잡는 것도 그렇다고 볼 수 있지!"
"기회란 뭐야?"
"잘할 수 있는 기반이지!"
"…."

· · · · · · · · · · · · · · · · · · · · · · · · · · · · · · · · · · · · · · · · · ·

만약에 훌륭한 인재를 몰라보거나 맞지 않는 일을 시킨다면 이것은 실수 중에 가장 큰 실수를 저지르는 겁니다
단지 몰라본 것에 불과한데 그 영향은 너무나도 큽니다

\# 많은 사람들은 기회를 놓치고 살아갑니다
　성공하는 사람은 보통사람보다 기회를 잘 잡는 노하우(Knowhow)가 있는 것이 아니고 보통사람보다 기회를 덜 놓친다는 겁니다

# 역사를 통해 알 수 있는 것은 절대 포기하지 말라는 것이다

"아빠! 우리나라와 북한이 싸우면 누가 이겨?"
"체념하는 쪽이 반드시 지게 된단다!"
"싸움에 일방적으로 져도 의지만 있으면 이길 수 있는 거야?"
"그럼! 그리고 싸움의 결과는 바로 나타나는 게 아니란다! 오랜 시간이 걸리지! 그 시간 동안 체념하는 쪽이 지게 되지!"
"아빠 체념은 포기를 말하지?"
"그렇지! 포기한 사람은 쉽게 처리할 수가 있지!"
"절대 포기하면 안 되겠다!"
"^^"

· · · · · · · · · · · · · · · · · · · · · · · · · · · · · · · · · · · · · · · · · · · · · · · ·

승부는 체념과 포기에서 비롯됩니다
의지는 저항으로 지속되지만 포기는 상대방에게 우습게 보이기에 쉽게 무너져 버립니다


\# 어려울 때 가장 하기 쉬운 방법은 포기하는 것입니다
    가장 쉬운 방법을 선택한 당신은 이미 실패자입니다
    가장 어려운 방법을 선택하는 습관이 필요합니다
    그러한 습관은 자신을 예전과는 전혀 다른 사람으로 변모시킬 것입니다

## 담배 이야기 : 담배를 언제부터 배웠나?

우리나라 사람들은 담배나 술을 배우는 것으로
표현하고
일본 사람들은 몸에 익히는 것(습관)으로
표현한단다!

(그러므로 일본사람들에게 담배를 배웠느냐고
물으면 안 된다)

いつから
タバコを おぼえていますか
(이츠까라 타바코오 오보에떼이마스까)

우리나라 사람들은 좋은 것도 배우고
나쁜 것도 배운다고
표현(善惡皆吾師 : 선악개오사)한다

일본 사람들은 나쁜 것은 배우는 것이 아니라
나쁜 것을 몸에 배도록 습관화한다고
표현하는 것이다

사실 좋은 것을 배워야 하고

나쁜 것은 배우지 않고

몸에 배지 않도록 주의하는 것이

중요하다

# 시키는 대로 살면 로봇

"아빠! 미래사회는 로봇이 지배할지도 모른대?"
"지금도 로봇이 지배하잖니?"
"응?"
"시키는 대로 따라서 하는 많은 사람들을 봐! 그게 로봇이야!"
"…."

∙∙∙∙∙∙∙∙∙∙∙∙∙∙∙∙∙∙∙∙∙∙∙∙∙∙∙∙∙∙∙∙∙∙∙∙∙∙∙∙∙∙∙∙∙∙∙∙∙∙∙

인간이 로봇과 다른 이유는 무엇인가요?
이미 인격을 잃어버렸다면 한낱 기계보다도 못난 존재일 겁니다

# 디지털 세상에서 인간은 인격을 잃어 갑니다
　다른 것이 인간을 대체할 수 있어서 그렇습니다
　아날로그 세상에서 인간은 대접받고 살아갑니다
　무엇이든지 할 수 있는 능력이 되니까요~

## 공감시키지 않으면 힘들어

"아빠! 난 열심히 하는데 애들이 안 좋아하는 거 같아!"
"열심히 해서 그런지도 몰라!"
"엉?"
"너무 열심히 하면 쳐다보는 사람이 부담스럽거든!"
"…"
"그리고 애들이 좋아하지 않는 이유가 네가 틀려서가 아니란다! 다만 인기가 없어서 그런 거지!"
"틀려도 좋으니까 그래도 인기가 있었으면 좋겠어!"
"…"

· · · · · · · · · · · · · · · · · · · · · · · · · · · · · · · · · · · · · · · · · · · · · ·

바로 그렇습니다
인기 때문에 가치관이 바뀌는 겁니다
시간이 조금만 흘러도 아침이슬처럼 흔적도 없이 사라질 것임에도…


\# 작년에 유행하던 노래가 올해도 사랑받는 경우가 드뭅니다
    그러나 몇백 년이 지난 클래식이 오늘날까지 사랑받고 있습니다
    노래는 감정을 자극하고 유행에 영합했으나 클래식은 인간과 세계를 투영했기 때문입니다
    인기가 오랫동안 사랑받지 못하는 이유입니다

# 자신감은 자기를 믿는 것

"아빠! 자신감은 어디에서 오는 거야?"
"마음속에서 오기도 하고, 주변의 힘 때문에 오기도 하지!"
"주변의 힘은 없어지면 소용없으니까 마음속에서 오게끔 해야겠지?"
"아니! 두 가지를 모두 겸비해야 돼! 왜냐하면 마음속에서만 오는 것만으론 힘이 좀 드니까…"
"…."

• • • • • • • • • • • • • • • • • • • • • • • • • • • • • • • • • • • • • • • • • •

가끔은 좀 더 쉬운 쪽을 택하기도 해야겠습니다
혼자서 하는 것보다 여럿이 하는 것이 빠를 수도 있으니까요…

\# 큰 나무가 굵고 키가 크며 많은 가지를 뻗어갑니다
  그래서 많은 새들이 보금자리를 만드는 것입니다
  나무 혼자 클 수는 없습니다
  알맞은 바람과 온도, 햇볕, 비옥한 토양 등의 도움을 받아야 합니다

# 걱정은 쓸데없는 고민

"아빠! 소풍 가는 날보다 가기 전이 왜 두근거리는 거야?"
"응 그건 기다리기 때문이야! 기다림은 항상 가슴 떨림을 동반하거든!"
"그럼 소풍 가는 날은?"
"막상 기다리던 것이 오면 떨림은 없어져! 그동안 너무 떨었거든…"
"그럼 소풍 가는 날은 설렘이 없는 거야?"
"그렇지! 그 대신 소풍이 끝날까 봐 걱정이 되지!"
"왜?"
"즐거움이 곧 사라지기 때문이야!"
"…"

· · · · · · · · · · · · · · · · · · · · · · · · · · · · · · · · · · · · · · · · · · · · · · · ·

진짜 즐기는 사람은 그것이 끝날 것을 걱정하지는 않습니다
그렇지 않아도 즐겁지 못한 일들이 많은데 즐거운 시간마저 그것에 뺏기고 싶지 않아서입니다


\# 현실을 즐기지 못하고 다가올 미래를 걱정만 해서는 안 됩니다
　 걱정은 쌓을수록 높아지고 즐거움은 누릴수록 커지기 때문입니다

# 나와 뜻이 조금 달라도 친구

"아빠! 내가 아빠의 뜻과 다르면 화가 나지?"
"조금은…"
"왜 그런 거야?"
"…"
"사랑한다면서 왜 화를 내지?"
"…"

• • • • • • • • • • • • • • • • • • • • • • • • • • • • • • • • • • • • • • •

친한 친구가 나와 생각이 다를까 봐 안절부절할 필요는 없습니다
반드시 똑같지는 않기 때문입니다
똑같을 필요도 없지만 조금 다르다면 양보란 이름으로 같아질 기회가 생기기 때문입니다

\# 젊어서는 친구들을 많이 만들어 가고 늙어서는 친구들을 하나둘 정리해 가며 살아갑니다
   이성이 지배하는 어른의 세계에서 뜻이 다른 친구를 확인했기 때문입니다
   또한 뜻이 다른 친구와 대화하며 풀어가지 않았기 때문입니다
   이처럼 나이가 들면서 이성은 오만을 낳게 되어 대화할 수 있는 작은 시간도 아까워합니다

# 경망스러운 사람에게도 무거운 것이 있다. 행동

"아빠! 경망스럽다는 건 뭐야?
"깊이가 없다는 소리야!"
"그럼 가볍다는 뜻과도 일치하겠네?"
"그럼~"
"그럼 무게도 없고?"
"아니! 무게는 있어! 경망스러운 사람의 특징의 입은 가볍게 행동은 무겁게 가져가거든!"
"…"

· · · · · · · · · · · · · · · · · · · · · · · · · · · · · · · · · · · · · · · · · · · · · ·

실천하기 전에 바로 입으로 합니다
그래서 행동하기가 어려운 겁니다
'가벼운 입, 무거운 발'


\# 머리에 뿔이 있으면 날카로운 이빨이 없듯이~
날카로운 이빨이 있으면 머리에 뿔이 없듯이~
가벼운 사람은 어딘가 무거운 게 있다는 뜻일 겁니다

# 알면서 져주는 것은 이기는 것과 같다

"아빠! 넘어가는 게 좋아? 버티는 게 좋아?"
"그건 때에 따라 다르지!"
"응?"
"충분히 버틸 수 있으면 버티고 아니면 넘어가는 척 해줘야지!"
"그래야 충격이 덜한가?"
"그럴 수도 있지만, 넘어가 주면 상대가 방심하거든! 그때 다시 일어나면 다음엔 넘어가지 않을 수 있지!"
"…"

· · · · · · · · · · · · · · · · · · · · · · · · · · · · · · · · · · · · · · · · · · · · · · · ·

힘든 길을 헤쳐나가는 것이 의로운 일이라고 생각해 왔습니다
그리고 돌아가는 것을 비생산적이고 비겁한 행동이라고 생각해 왔습니다
그러나 지금은 때에 따라 움직여야 한다는 생각이 많이 지배하고 있습니다
이처럼 인간은 나약한 것입니다
그러나 때를 기다리는 것도 나쁘진 않을 듯합니다


\# 가뭄에 아무리 물을 길어와도 소용없고, 아무리 물을 뿌려봐도 소용없습니다
   바로 비가 와야 하기 때문입니다
   가뭄에 기다려야 하는 것은 물차가 아니라 비입니다

# 최선은 포기한 사람의 상용어(常用語)이자 관용어(慣用語)

"아빠! 일이 잘 안 될 때는 어떻게 하면 좋아?"
"잘 되게 최선을 다해야지!"
"그래도 안 되면?"
"그땐 그 일을 하지 마!"
"그럼 어떡해?"
"최선을 다했다면 후회 없지 뭐! 다른 일을 해봐!"
"…"

• • • • • • • • • • • • • • • • • • • • • • • • • • • • • • • • • • • • • • • • • •

최선을 다했다고들 얘기합니다만 과연 최선의 의미가 어떤 것일까요?
최선의 기준이 너무나 자기 본위가 아니길 바랍니다

\# 최선을 다했는데 이루지 못했다?
　그럼 다른 일을 찾아야 합니다
　아니면 최선을 다하지 않았을 수도 있습니다

## 보리보다 쌀이 비싼 이유

"아빠! 많이 배운 사람이 더 거짓말을 잘할 것 같아!"
"왜?"
"거짓말을 해도 진짜처럼 할 테니까!"
"그래서 배운 사람은 언제나 조심해야 하는 거야! 남들이 오해할 수도 있으니까!"
"그런데 저 사람은 왜 늘 조심하지 않는 거야?"
"많이 배운 사람이 아니라서 그래!"
"…"

• • • • • • • • • • • • • • • • • • • • • • • • • • • • • • • • • • • • • • • • • • • • • •

짧은 지식으로 짧은 덕으로 세상을 속일 수 없습니다
금방 바닥이 드러나기 때문입니다


\# 벼는 익을수록 고개를 숙이지만, 보리는 익어도 고개를 숙이지 않고 꼿꼿합니다
   그래서 쌀이 보리보다 비싼 것입니다

# 얻는 것과 잃는 것

"아빠! 얻게 되면 잃게 되는 게 반드시 있어?"
"있지!"
"뭐야?"
"절망이야!"
"응?"
"절망을 얻게 되면 희망을 잃게 되지! 또한 희망을 얻게 되면 반대로 절망을 잃게 되고…"
"…"

∙∙∙∙∙∙∙∙∙∙∙∙∙∙∙∙∙∙∙∙∙∙∙∙∙∙∙∙∙∙∙∙∙∙∙∙∙∙∙∙∙∙∙∙∙∙∙∙∙

얻는 것이 반드시 좋은 것은 아닙니다
잃는 것도 있으니까요
가난을 얻으면 염치가 없어지고
부를 얻으면 인심을 잃게 되고
지식을 얻으면 겸손이 없어지기 쉽습니다
또한 비겁을 얻으면 용기를 잃게 될 것입니다

\# 하나가 들어오면 하나가 반드시 나가게 되는 것이 이치입니다
　그렇기 때문에 나가지 못하게 가두는 것보다 잘 선택하여 보내주는 것이 유리합니다

## 나이를 먹어도 어린 사람들

"아빠! 나이를 먹는다는 건 뭘 뜻해?"
"그건 경륜이 쌓인다는 얘기야!"
"그건 뭔데?"
"사람을 보는 눈이 달라진다는 거지!"
"응?"
"젊어서는 겉모습을 많이 보고 나이가 먹어서는 속을 많이 보게 된다는 뜻이야!"
"그럼 나이가 먹어도 보지 못하는 사람은 뭐야?"
"아직 나이를 먹지 못해서 그래!"
"…."

・・・・・・・・・・・・・・・・・・・・・・・・・・・・・・・・・・・・・・・

나무는 세월이 흐르면 나이테가 자라지만 인간은 경륜이 쌓입니다
그런데 사람에게 나이테만 자란다면 그건 아직 어리다는 뜻일 겁니다
'나이테만 자라는 인간'


# 인간의 나이테는 주름살입니다
　나이테만 늘어가고 성숙하지 못하다면 문제가 될 듯합니다
　어르신들의 행동이 둔한 것은 침착하게 행동하고 판단하라는 뜻에서 그랬을 겁니다

## 자신감의 축적은 나비효과

"아빠! 언제 자신감이 생기는 거야?"
"글쎄다~ 할 수 있겠다는 생각이 막연하게 만연될 때가 아닌가 해!"
"막연해도 되는 거야?"
"그럼 막연해도 만연해지면 되는 거야!"
"…."

· · · · · · · · · · · · · · · · · · · · · · · · · · · · · · · · · · · · · · · · · · · · · · · · · · · · · ·

머릿속을 지배하는 것이 확정적이 아니더라도 관계없습니다
언제나 확정적인 것만 좋은 것은 아니니까요
일반적으로 지배하는 조류가 확정적인 것으로 변모해 갈 겁니다


\# 세포 하나하나가 인간을 구성합니다
    자신감은 표출된 표정이므로 그런 표정을 짓게 하기 위해서 60조 개의 세포가 만들어 낸 성과입니다
    갑자기 이뤄지는 것은 없습니다

## 강한 것은 강한 대로 약한 것은 약한 대로 써야~

"아빠! 강한 것은 겉으론 강해도 어떻게 보면 약한 점이 많아!"
"어째서?"
"대나무를 보면 말이야~ 옆으론 부러지지 않는데 세로로 자르면 파죽지세(破竹之勢)로 잘려나가잖아?"
"그렇네!"
"강한 것에도 약점이 있다는 걸 처음 알았어!"
"그걸 알고만 있어야지! 이용해선 안 돼!"
"…"

•••••••••••••••••••••••••••••••••••••••••••••••

강한 것은 사생관(死生觀)이 뚜렷하기에 잘릴 때도 그렇습니다
그러나 이해는 하되 이용해선 안 될 듯합니다

\# 송곳이 필요할 때가 있고 망치가 필요할 때가 있는 법입니다
   못을 박는데 송곳밖에 없다 하여 내쳐서는 안 됩니다
   송곳이 필요할 때가 반드시 있기 때문입니다

# 부럽다고 자기를 버리지는 마라~

"아빠! 부러움이란 뭐야?"
"남이 가진 걸 갖고 싶어 하는 욕망이지!"
"아하~ 남이 가진 물건 등을 자기도 갖고 싶어 하는 거구나!"
"그렇지!"
"근데 남이 갖고 있는 것을 가지는 것보다 차라리 남이 되는 게 더 편할 것 같아!"
"…."
"그럼 다 가질 수 있잖아!"
"…."

· · · · · · · · · · · · · · · · · · · · · · · · · · · · · · · · · · · · · · · · · · ·

부러워하는 것은 어쩌면 자기를 버리는 행위인지도 모르겠습니다

# 우리는 흔히 남이 가진 것을 보고 부러워하는 경향이 있습니다
  그러나 그들이 어떻게 해서 가지게 된 것인지를 부러워하는 경우는 드뭅니다

## 나보다 훌륭한 사람과 사귀어야~

"아빠! 왜 자기보다 뛰어난 사람들과는 친구 하기가 어려울까?"
"뛰어난 사람들이 친구 하려고 하질 않나 보구나?"
"아니?"
"응?"
"내가 어려워해!"
"음~ 그건 네가 아직 뛰어난 사람이 못돼서 그래!"
"?"
"사람들은 언제나 자기보다 못난 사람들을 거느리려고 하거든…"
"…"

· · · · · · · · · · · · · · · · · · · · · · · · · · · · · · · · · · · · · · · · · ·

그런 습성 때문에 발전이 더딘 것입니다
언제나 아래를 보니 위를 볼 틈이 없습니다
훌륭한 사람이란 훌륭한 사람에게 배우려고 하는 사람입니다


\# 일반인은 자기보다 훌륭한 사람과 함께 하는 것을 불편해하는 경향이 있습니다
  그래서 일반인인 것입니다
  자기보다 나은 사람들과 교통하는 것이 훌륭한 사람으로 가는 지름길입니다

인성(人性)편 **277**

## 음식과 사람

이 사이에 음식물이 끼기 시작했다는 건
나이를 먹었다는 방증이다
음식이 자꾸 이에 끼니 밥을 빨리 먹을 수가
없다
그래서 조심하며 천천히 먹으라고 음식물이
끼게 되는 것이다

마찬가지로
나이가 들며
사람들이 주변에 많이 있다는 것은
행동거지를 조심하라는 뜻이다
많은 사람들이 자기를 보고 있으니
행여나 실수라도 한다면 낭패(한꺼번에 모두를
잃을 수 있기 때문)를 보기
십상이기 때문이다

그래서 주변에 사람이 많다고 마냥 자랑만
할 일이 아닌 것이다
산속에 혼자 사는 사람이 남을 의식하며 살 필요가
없는 반면
많은 사람들과 어울리려면 남을 의식해야만 한다는
뜻이다

그런데 사람들은 많은 사람들이 있는 것을 자랑할
뿐 자기 행동의 절제를 의식하지 않는 경향이
있다

그래서 또다시 외로워지는 것이다

마치
어려서는 음식을 흘리며 먹고
나이를 들어가며 음식이 끼게 되고
또다시 나이를 더 먹게 되면 음식을 흘리며
먹게 되는 것처럼~

# 표시하지 않아도 모두가 알아주면 돼

"아빠! 저 사람은 왜 저렇게 잘난 척을 하는 거야?"

"표시하고 있는 거야!"

"뭘?"

"자기가 잘났다고!"

"표시하는 게 좋은 거야?"

"글쎄~ 우리가 먹는 밥그릇에 밥그릇이라고 쓰여 있던?"

"아니!"

"바로 그거야!"

"…."

· · · · · · · · · · · · · · · · · · · · · · · · · · · · · · · · · · · · ·

반드시 얘기해야만 아는 경우가 있고 말하지 않아도 아는 경우가 있습니다

전자는 알 수는 있어도 위험이 따릅니다

후자는 저절로 알게 되니 위험이 따르지 않습니다

\# 사람에게 사람이라고 표시하는 경우는 없습니다
    사람답지 못할 때 오히려 표시를 하긴 합니다
    이렇듯 굳이 표시를 하게 되면 구실을 못 하는 것으로 치부됩니다
    밥통이 지저분해 사람들이 요강으로 알까 봐 밥통이라고 표시하는 것은 이미 그 밥통이 밥통으로서의 구실을 못 하고 있었기 때문입니다

## 말이 많은 건 못났다는 방증

"아빠! 사람들은 왜 시기하는 거야?"
"다 못나서 그런 거야!"
"왜?"
"잘 나면 시기하지 않아도 되거든…"
"…."

••••••••••••••••••••••••••••••••••••••

그러나 세상은 대부분 훌륭하지 못한 일반 사람들이 여론을 이끌어 가는 사회입니다
그래서 훌륭하지 못하다고 말하면 안 될 듯합니다
'그 잘난 놈이 잘난 척을 하니까 모두가 욕하는 거야'라고 바꾸어 얘기해야 합니다

# 그 누구를 평가하기 전에 자신을 냉정하게 평가해 봐야 합니다

# 잘 안 돼도 해 보는 것

"아빠! 사람이 항상 일관(一貫)될 수가 있는 거야?"
"그렇게는 무척 힘들지!"
"그럼?"
"이렇게는 가능할 거야!"
"뭔데?"
"일관되려고 노력하는 거~"
"…."

· · · · · · · · · · · · · · · · · · · · · · · · · · · · · · · · · · · · · · · · · · · · · · · ·

우리는 가끔 잊고 사는 게 있습니다
우리가 할 수 없는 일에 연연하고 할 수 있는 일에는 관심을 가지지 않는다는 것입니다

\# 한 번 날아간 화살은 진로를 바꾸지 않습니다

# 화풀이도 화를 다스리는 수단

"아빠! 화가 날 때는 어떻게 하면 참을 수 있는 거야?"

"그걸 처음부터 참을 순 없을 거야!"

"그럼?"

"우선 화나는 대로 해 봐!"

"그러면?"

"그러면 기분이 좋아질 거야!"

"정말?"

"그럼~ 그 순간만큼은…"

"?"

"화풀이 한 다음 후회하게 된다면 그다음부턴 참을 수 있을 거야!"

"…."

· · · · · · · · · · · · · · · · · · · · · · · · · · · · · · · · · · · · · · · · · · · · · · · ·

경험하지 않고 안다는 것은 어려운 일입니다

그리 치명적이지 않은 경우라면 경험을 하는 편이 나을 듯합니다


# 화를 다스리는 법!

   간단합니다

   화로써 합니다

   그러나 그 방법은 지속적으로 유효하지는 않습니다

# 옷을 입는 이유

"아빠! 사람은 왜 옷을 입는 거야?"
"그야 옷을 안 입으면 자랑할 게 없으니까 그렇지!"
"응?"
"왜 있잖니! 동물들은 옷을 안 입잖아! 그건 몸에 멋진 털이나, 깃털이 있거나, 튼튼한 가죽이 있거나, 아니면 아름다운 비닐이 있어서 자랑하려고 그러는데, 인간은 자랑할 게 없거든…"
"그럼 옷을 벗고 다니는 사람은 자랑할 게 많은 거야?"
"입은 것만 못 해서 그렇지!"
"응?"
"입어도 벗은 것만 못 한 사람이란 뜻이야!"
"….."

· · · · · · · · · · · · · · · · · · · · · · · · · · · · · · · · · · · · · · · · · · · · · · · · ·

흔히들 잘한다는 뜻은 평범한 것보다 훌륭할 때 쓰이는 말이고
못 한다는 말은 평범할 때보다 훌륭하지 못할 때 쓰이는 말입니다

\# 사람들이 옷을 입는 이유는 자랑하기 위해서입니다
   그래서 좋은 옷을 입고 다닙니다
   자랑할 게 없는 사람들도 옷을 입고 다닙니다
   바로 감추기 위해서입니다
   옷은 사람을 돋보이게 하기 위해 입는 것입니다.
   그런데 옷이 너무 화려하면 옷이 주인공이 됩니다
   그러면 자신은 조연으로 전락하는 것이고요

## 입으로 땀을 흘리는 사람들

"아빠! 땀은 왜 흘리는 거야?"
"덥거나 열심히 일해서 그렇지!"
"더운 거 말고 땀이 나는 경우는 언제나 열심히 일할 때야?"
"아니!"
"?"
"열심히 안 해도 땀이 나는 경우가 있지! 열심히 일하는 사람은 대개 몸에서 땀이 나지만, 열심히 일하지 않는 사람은 입에서 땀이 나기 때문이야!"
"…."

•••••••••••••••••••••••••••••••••••••••••••••

입으로는 무엇이든지 될 수 있고 할 수도 있습니다만,
그러나 땀까지 흘려가면서 할 필요는 없을 것 같습니다

\# 땀은 온 몸으로 흘리는 것입니다
　입으로만 흘려서야 아무런 성과가 나지 않습니다

## 생각하지 마라 생각이 너를 지배할 테니까

"아빠! 피로(疲勞)는 육체보다 마음에서 먼저 오는 것 같아!"
"왜?"
"미리 피곤할 것 같다고 생각하면 쉬지 않고는 못 배기거든…"
"^^"

· · · · · · · · · · · · · · · · · · · · · · · · · · · · · · · · · · · · · · · · · · · · · · · ·

생각을 다시 한 번 고쳐먹어야 할 듯합니다
쉬운 대로만 생각하기 시작하면 여지없이 자기는 무너지게 됩니다


\# 때론 행동하지도 않았는데 생각만으로 힘든 경우가 있습니다
　　지나친 우려, 그것을 우리는 기우(杞憂)라고 합니다


**기우(杞憂) : 기나라 사람의 걱정. 쓸데없는 걱정, 안 해도 될 근심을 이르는 말**

# 목표를 달성하면 뒤를 돌아보지 말고 또다시 앞을 봐라

"아빠! 목표를 달성하고 나면 으레 거만해지나 봐!"
"왜?"
"지금까지 해왔던 것이 아무것도 아닌 것처럼 보이거든…"
"그렇다면 거만해도 돼!"
"?"
"지금까지 해 온 일이 대단한 일이라고 생각하는 것이 진짜 거만한 거야!"
"…"

· · · · · · · · · · · · · · · · · · · · · · · · · · · · · · · · · · · · · · · · · ·

목표를 달성하고 나면 뒤를 보는 사람이 있고 다시 앞을 보는 사람이 있습니다
전자는 감흥에 빠져있는 사람이고 후자는 새로운 목표의식에 흥분된 사람입니다

\# 삶의 목표는 한 단계만 있는 것이 아닙니다
    따라서 다음 목표를 지향해야 하는데, 목표달성을 했다고 주저앉는 경향이 있습니다
    목표는 달성하고 나서 느끼는 만족감이 아니라 달성하였기에 다음 것에 대한 자신감에서 우러나오는 쾌감입니다

## 말할 때와 들어야 할 때

눈을 뜨고 재채기하는 것은 불가능하다
얘기하면 들을 수 없는 것과 같다
남의 말을 들으려면 입을 다물어야 한다

## 훌륭한 사람은 과정을 견디는 사람

"아빠! 훌륭한 사람은 언제나 존경을 받아?"
"그건 상황에 따라 다르단다!"
"응?"
"훌륭해지려고 하는 사람과 훌륭해진 사람은 다르다는 거야!"
"?"
"훌륭해지려고 하는 사람은 대개 존경을 받지 못하고 견제를 받거나 시기를 받게 되는 것이 일반적이야! 그러나 훌륭해진 사람이라면 존경을 한 몸에 받게 되지!"
"훌륭해지려는 사람이 훌륭해져도 존경을 받아?"
"그럼~"
"같은 사람인데도?"
"그럼!"
"…."

· · · · · · · · · · · · · · · · · · · · · · · · · · · · · · · · · · · · · · · ·

이것이 현재 우리가 사는 사회의 모습입니다
다소 이해하기 힘들어도 결국 우리 사회는 결과에만 승복하는 사회라는 것입니다

# 과정은 언제나 힘듭니다
   그러나 거치지 않고 얻어낼 수는 없습니다
   나는 어떤 사람일까요?
   훌륭한 생각만 있는 사람일까요?
   아니면 훌륭한 사람일까요?
   훌륭한 사람은 생각만으로 그치지 않습니다

인성(人性)편

# 몰아보면 알게 되는 것

"아빠! 사람들을 너무 다그치면 안 좋은 거지?"
"그렇지! 하지만 가끔은 일부로라도 그래 봐야 돼!"
"그건 왜 그래?"
"왜 있잖니! 고기를 잡을 때 그물로 몰고 가면 피라미들이 모이잖아!"
"그런데?"
"몰고 가다 보면 누가 피라미인지 알기 때문이야!"

· · · · · · · · · · · · · · · · · · · · · · · · · · · · · · · · · · · · · · · · · · · · · · · ·

좋은 시절에서 누가 적인지 모릅니다
위기가 닥치거나 어려울 때 비로소 누가 적인지 알게 됩니다
그러나 좋은 시절에도 적을 구분하는 방법이 있습니다
그것은 바로 몰아보면 압니다

\# 어려운 처지를 당해보면 본심이 나옵니다
  어려운 처지를 만들어 시험해 봐도 본심은 나옵니다
  좋은 방법은 아니나 믿기 힘든 사람이라면 어려운 처지를 만들어 지켜보는 것도 현명한 방법이 됩니다

## 선풍기는 가운데가 가장 시원해

"아빠! 중용(中庸)이란 말이 뭐야?"
"응, 그건 어느 쪽에도 치우치지 않는 자세를 말한단다!"
"그러면 좋아?"
"그렇지! 양쪽 다 볼 수가 있으니까?"
"보는 게 좋은 거야?"
"예를 들어 돌아가는 선풍기 앞에 있을 때, 어느 자리에 앉아야 선풍기 바람을 가장 많이 받지? 왼쪽이야, 오른쪽이야 아니면 가운데야?"
"그야 가운데지!"
"그래서 중용이 좋은 거야!"
"…"

· · · · · · · · · · · · · · · · · · · · · · · · · · · · · · · · · · · · · · · · · · · · · · · · · · ·

중용은 이렇게 좋은 겁니다
어느 쪽에도 치우치지 않고 사안을 평가하고 분석할 수 있으니까요
그러나 이쪽도 아니고 저쪽도 아니고 해서 아니면 잘 모르면서 중용을 외쳐서는 안 되겠습니다

# 중용(中庸)은 아는 사람만이
   할 수 있는 포지션입니다
   모르는 사람은 진정한 맛을
   모르기 때문입니다

중용(中庸) : 지나치거나 모자라지 아니하고 한쪽으로 치우치지도 아니한 떳떳하며 변함이 없는
         상태나 정도

## 돋보이게 하려면 주변을 어둡게 하라

"아빠! 내가 돋보이게 보이려면 어떻게 해야 돼?"
"응 그건 너를 돋보이게 하면 안 되는 것이야!"
"응?"
"네 주변을 어둡게 하면 네가 돋보이게 돼"
"…."

· · · · · · · · · · · · · · · · · · · · · · · · · · · · · · · · · · · · · · · · · · · · ·

자신을 내세운다고 돋보이지 않습니다
주변을 어둡게 하면 사물이 더욱 잘 보이는 이치와 같습니다


\# 자신이 없을 때는 주변을 활용해야 합니다
　그래야 자신감을 얻을 수 있기 때문입니다

## 불같은 성격은 자기 몸을 태운다

"아빠~ 성격이 급하면 안 되다는 말이 무슨 뜻이야?"

"계란을 봐봐~"

"응?"

"계란은 낮은 온도에서 오래 보존할 수 있고, 상온에 오래 두면 썩어버리고, 고온에 달구면 익어버리고, 계속 익히면 타버리잖니?"

"그런데?"

"성격도 마찬가지야~ 불같이 급하면 오래 못 가는 거야~"

"…"

· · · · · · · · · · · · · · · · · · · · · · · · · · · · · · · · · · · · · · · · · · · · ·

성격이 불같으면 익어버려 못 쓰게 됩니다

\# 남자는 불같은 성격으로 온화한 성격의 여자보다 오래 살지 못합니다
　불은 타버리기 때문입니다
　언제나 불은 물을 이길 수 없습니다

# 꾸준함이 이기는 이유

"아빠~ 비행기를 타니까 밑에 오솔길도 잘 보이고 강도 잘 보이네~"
"그래 연달아 있기만 하면 멀리서도 잘 보이는 법이란다~"
"그럼 도로도 잘 보이겠네~"
"그럼~"

· · · · · · · · · · · · · · · · · · · · · · · · · · · · · · · · · · · · · · · · · · · ·

위에서 보면 높은 산은 보이지 않아도 긴 강(도로, 오솔길)은 보이는 법입니다
꾸준히 하면 잘 보입니다
결실을 맺기 위해서는 그래야 합니다


\# 우공이산(愚公移山)이란 말이 있습니다
　꾸준함을 이겨내는 것은 없는가 봅니다


**우공이산(愚公移山)** : 어리석은 사람이 산을 옮긴다는 뜻으로 우직하게 한 우물을 파는 사람이 큰 성과를 거둔다는 뜻

# 비 온 뒤에는 교통수단을 바꿔야~

"아빠~ 비 온 뒤에 땅이 굳는다는 말이 무슨 뜻이야?"
"그건, 서로 마음에 금이 가는 싸움이 있었다고 해도 나중에는 더 친해질 수 있다는 뜻이야~"
"정말 그래?"
"그렇다는구나~"
"…."

・・・・・・・・・・・・・・・・・・・・・・・・・・・・・・・・・・・・・・・・・・・・・・・・・・・・・・・

싸워서 관계가 좋아지는 경우가 있고 아닌 경우가 있습니다
비 온 뒤에 땅이 굳는다는 말은 어차피 싸움을 한 이후이기에 해몽을 좋게 해서 관계를 다시 정립하려는 의도가 있습니다
그러나 실상은 비가 너무 많이 온 경우 길은 없어지고 강이 만들어지기에 예전에 땅을 걷듯이 생각하면 큰일 납니다
하천이 되었기에 배를 이용해 다녀야 하는 것입니다


\# 비 온 뒤에 땅이 굳어지는 것이 아니라 하천이 생기는 법입니다
　따라서 육로이용이 아닌 하천이용 교통수단이 필요한 것입니다

## 나이가 들면 지혜로운 사람보다 어진 사람이 되거라

"아빠~ 이번 바캉스는 바다로 가자~"
"왜?"
"지혜로운 사람은 물을 좋아한다고 하잖아~"
"그래서"
"내가 지혜롭잖아~"
"^^"

· · · · · · · · · · · · · · · · · · · · · · · · · · · · · · · · · · · · · · · · · · · · · · · ·

대개 젊어서는 물을 좋아하고 늙어서는 산을 좋아합니다
어린 아들은 물을 좋아하고 아버지는 산을 좋아하고
이런 불협화음을 없애기 위해 사람들은 제주도와 속초로 여행을 많이 가나 봅니다
산과 바다가 함께 어우러져 있는 곳

\# 智者樂水 仁者樂山 (지자요수 인자요산)

　지혜로운 자는 물을 좋아하고
　인자한 자는 산을 좋아한다
　단지 젊은이는 물을 좋아하고
　늙은이는 산을 좋아한다는 뜻은 아니다

　물은 가만히 있지 않고 흐른다
　만약 물이 가만히 있다면 누군가 흘려줘야 한다

물은 흘러가며 산천을 적시고
필요한 곳에 잠시 머물기도 한다
그러나 물은 떠나야 한다
어지러운 세상에 슬기와 지혜를 베풀어야
하는 것이다
물은 베푸는 것이지 품는 것이 아니다
그래서 물은 자식을 대하는 부모의 마음과도 같다
물은 변화를 말하다
끊임없이 바뀌어야 한다
그러나 물은 모든 것에 영향을 주지만
없어지지 아니한다
자신이 바뀌면 남을 바꿀 수 없기 때문이다

산은 흔들림 없이 의젓하다
산을 누군가가 움직이려 해도 미동도 하지 않는다
산은 머무르며 안식을 제공하고
필요한 사람이 잠시 머물게도 한다
어느 경우도 산은 움직이면 안 된다
어렵고 힘든 세상을 사랑과 온정으로 품어 줘야
하는 것이다
그래서 산은 품는 것이지 돌아다니며 베푸는
것이 아니다
마치 산은 집 떠난 자식이 돌아오는 길목에서 손짓하는 부모의 마음과도 같다
산은 변화를 말하지 않는다

언제나 그 자리에 항상 같은 모습으로 기다린다
그러나 산은 모든 것에 영향을 주지 않지만
기댈 수 있는 자리를 만들어 준다
영향을 주려면 자리를 벗어나야 하기 때문이다

젊어서는 물과 같은 사람이 되고
나이를 먹어가며 늙어서는 산과 같은 사람이 되라는 뜻이다

## 남극에는 바이러스가 없다

남극이나 북극에서는 감기에 걸리지 않는다
너무 추워 감기바이러스가 살 수 없기 때문이란다
그런데도
감기에 걸린 사람이 있단다
그것은 극지방으로 오기 전에 보균자였거나
이미 걸린 상태였기 때문이다

청정지역(너무 추운)에서는 바이러스가 살지 못한다

인간도 마찬가지이다
너무 깨끗하면 사람이 다가서지 못한다

친구가 없는 사람들은 대부분
너무 깨끗하거나
너무 더러워서이다

친구가 어느 정도 있다면
깨끗하지 않다는 방증일지도 모른다

그렇다고 대충 더럽게 살아야 하나^^;?

## 밥은 뜸을 들여야 맛있어지는 거야

"아빠~ 기다리는 것은 너무 지루해~"

"그러면 기다리지 마라~"

"어?"

· · · · · · · · · · · · · · · · · · · · · · · · · · · · · · · · · · · · · · · · ·

기다림은 즐거움입니다

기다림이 없는 삶이 지루한 것입니다

아무것도 바라거나 기다릴 게 없다면 얼마나 지루하겠습니까?

그래서 기다림은 즐거운 것이 되며 기다리는 순간들을 즐긴다면 더없이 행복해질 겁니다


\# 설익은 사과가 맛이 없는 법입니다

   바로 기다림이라고 하는 양념을 바르지 않았기 때문입니다

## 욕심은 눈을 통해 들어온다

"아빠~ 욕심은 왜 생기는 거야?"
"뭔가가 부족하다고 자꾸 느껴서지"
"그럼 욕심은 어디를 통해 들어오는 거야?"
"바로 눈이야~"

· · · · · · · · · · · · · · · · · · · · · · · · · · · · · · · · · · · · · · · · · · · · · · · · · · ·

마음은 죄가 없습니다
본 것이 없으면 마음도 동하지 않기 때문입니다
눈을 통해 들어온 것을 마음이 욕심으로 승화시키는 법입니다

\# 욕심은 눈을 통해 들어 와 마음의 평온을 깨뜨리고 손발을 움직여 그 욕심을 채웁니다
그래서 여과할 수 없는 눈은 위험한 것입니다

## 아들은 아빠에게 신경질을 배우고 엄마에게 인내를 배운다

"아빠~ 어떤 때는 화를 참을 수 없어~"
"그래도 참아야 해~"
"화를 참지 못하는 이유는 뭐야?"
"자신이 있기 때문이지~"
"응?"
"자신이 있다고 판단했기 때문이야~"
"…."

· · · · · · · · · · · · · · · · · · · · · · · · · · · · · · · · · · · · · · · · · · · · · · · · · · · ·

수컷은 화를 참지 못하는 습성이 있습니다
왜냐하면 육체적으로 강하기 때문입니다
이에 반해 암컷은 상대적으로 많이 인내합니다
힘이 그만큼 없기 때문입니다
그런데 언제나 강할 수는 없기에 수컷은 낭패를 보는 일이 많이 생깁니다

# 화는 내는 순간만 행복합니다
　그 이후로는 불행해지는 경우가 많습니다
　그래서 화를 삭이거나 다른 방법으로 발산하려는 노력이 필요합니다
　그런데 삭히는 것은 몸에 그대로 두는 것이기에 좋지 않습니다
　그러므로 다른 방법으로 발산하는 것이 중요합니다

# 말은 할수록 단련되지만 그 책임 또한 눈덩이처럼 쌓여간다

"아빠~ 운동을 할수록 늘듯이 말도 할수록 늘어?"
"그렇지"
"그런데, 말을 많이 하는 사람들은 왜 실수를 해?"
"너무 말을 많이 해서 그래"
"응?"

· · · · · · · · · · · · · · · · · · · · · · · · · · · · · · · · · · · · · · · · · · · · · · · · ·

머릿속에 있는 생각은 아무리 많이 해도 실수를 하지 않습니다
왜냐하면 머리 밖으로 나타나지 않았기 때문입니다
하지만, 말은 다릅니다
한 번 내뱉으면 주워 담기 힘들기 때문에 실수를 한 경우에 만회를 할 수 없기 때문에 그렇습니다

\# 머릿속에 있는 생각은 책임지지 않습니다
　그러나 말은 책임을 져야 합니다
　그래서 사람들은 실수를 하는 것입니다
　자기가 한 모든 말을 책임져야 하기 때문입니다

[말은 들어야 제맛]
말은 들으라고 하는 것이다
떠들라고 하는 것이 아니다
아무도 듣지 않으면 말할 필요가 없다
그리고 들어도 동의하지 않으면
메아리가 되는 것이다

# 사다리는 올라갈수록 좁아진다

"아빠~ 높은 자리를 올라갈수록 권한이 막강해지지?"
"그렇지"
"그래서 사람들이 높은 자리를 선호하는구나~"
"그런데 권한만 생각하고 의무를 생각하지 않는다면 어려움을 겪고 말 거야~"
"왜?"
"높은 자리에 있으면 모두가 쳐다보기 때문이야~"
"…."

· · · · · · · · · · · · · · · · · · · · · · · · · · · · · · · · · · · · · · · · · · · · · · · · ·

돈을 벌어서 쓸 일만 생각한다면 망하고 말 겁니다
높은 직위는 권한보다 더 무서운 의무가 따르기 때문입니다
낮은 자리에 있으면 아무도 관심이 없어서 조그만 실수도 용납이 되지만,
높은 자리는 모두가 주목하고 있어서 힘든 것입니다

# 높은 자리로 갈수록 권한은 확대되나, 입지만 좁아집니다
   그래서 높은 자리에서 내려올 때를 항상 감안하고 살아야 합니다

# 높은 곳을 오르기 위해서는 더 낮은 곳으로 가야 한다

"아빠~ 사람들은 왜 높은 곳을 오르려고 해?"

"보기 위해서지~"

"뭘 보는데?"

"자기 발아래에 있는 것들을~"

"…."

· · · · · · · · · · · · · · · · · · · · · · · · · · · · · · · · · · · · · · · · · · · · · · · · ·

경치를 보려 해도 높은 산을 올라가 봐야 합니다

높은 곳에 오르면 모든 것을 다 볼 수 있습니다

그러나 높은 곳에서는 오래 머물 수 없습니다

그리고 오르면 내려와야 하기 때문에 자꾸 높은 곳을 오르려 하는 것입니다

# 높은 곳을 오른 사람은 더 높은 곳을 지향합니다
   그러나 더 높은 곳을 오르고자 하면 가장 낮은 곳에 위치해야 한다는 사실을 잊어서는 안 됩니다

인성(人性)편

## 어려울수록 편안함을 유지해야 한다

"아빠~ 어려울 때는 도의(道義)에 맞지 않는 선택을 하나 봐~"
"가난하면 예의를 갖추기 어렵다고들 하는데, 그래도 지킬 도리는 반드시 지켜야 해~"
"왜?"
"그래야 나중에 힘들지 않은 순간이 오면 다른 사람들에게 도움을 받을 수 있거든~"
"아~"

· · · · · · · · · · · · · · · · · · · · · · · · · · · · · · · · · · · · · · · ·

당장 힘들다고 쉬운 결정을 해서는 안 됩니다
쉬운 결정은 남에게 피해를 주는 결정일 테니까요
내가 편하자고 남에게 해를 끼쳐서는 안 됩니다
그런데도 사람들은 힘들면 남에게 피해를 주는 행동을 합니다
그래서 나중에 좋아졌을 때, 어려운 상황을 맞이하기도 합니다

# 힘들다는 것은 누구나 그러할 겁니다
　힘들어도 정도를 지키고 예의를 갖추는 것은 어렵더라도 반드시 그렇게 해야 합니다
　그래야 친구를 오래 볼 수 있으니까요~

## 아들아~ 딸들아~ 보아라

남에게 열광하는 사람이 되지 말고
네게 열광하는 사람들을 만들어라

박수치는 사람이 되지 말고
박수받는 사람이 되도록 해라

환호하는 사람이 되지 말고
환호받는 사람이 되도록 해라

성공한 사람을 본받으려 하지 말고
성공할 수 있도록 해라

기부하는 사람을 칭송하지 말고
네가 기부하도록 해라

예의 없는 사람을 흉보지 말고
언제나 예의 바르게 행동해라

사람들의 모자란 부분을 지적하지 말고
그것을 채워주도록 해 보거라

불만 있는 사람들과 부화뇌동하지 말고
긍정적인 사람들과 유유상종해라

흐뭇한 이야기를 전하지 말고
흐뭇한 이야기를 만들어봐라

좋은 사람들을 곁에 두려 하지 말고
좋은 사람으로 남도록 해라

노력하여 취하되
다 가지지는 마라

가진 것을 누리되
사치하진 마라

그리고
다 쓰지 말고
반드시 남겨두거라

아빠가~

## 호기는 기분을 얻고 실리를 잃는다

"아빠~ 화가 날 때 화를 내는 것은 당연한 거 아니야?"
"왜?"
"화가 나는데, 나보고 자꾸 참으라고들 해서~"
"참으라고 한 것은 상대방을 위한 것이 아니라 너를 위한 거야~ 네가 잠깐 참으면 훨씬 좋은 일이 생길 수도 있어~"
"…"

· · · · · · · · · · · · · · · · · · · · · · · · · · · · · · · · · · · · · · · · · · · · · · · ·

참는 것은 상대방을 배려하기 위한 것이 아닙니다
자신을 다스리기 위한 행위인 것입니다
마치 적선과 기부를 하는 것이 우선은 자신을 위한 것처럼~
(물론 그 결과로 힘든 사람을 위한 것이 됩니다만~)

\# 기부를 하면 남을 위해 하는 행위같이 보이지만, 사실은 자기를 위한 행위입니다
   자신의 만족을 위해 우선 행하는 것이기 때문입니다
   우리는 가끔 참을 수 없을 때 화를 내곤 합니다
   그러나 기분만 좋아졌지, 상황은 더 나빠지는 경우가 많습니다

## 주름이 있어야 굽혀진다 없으면 부러진다

"아빠~ 주관이 강한 사람은 나중에 쉽게 꺾일 수 있다며?"
"세상이 그런 법이야~ 강하면 부러지거든"
"그럼 주관을 갖지 말고 살아야 하나?"
"…"

. . . . . . . . . . . . . . . . . . . . . . . . . . . . . . . . . . . . . . . . . . . . . . . .

주름이 있어야 유연해집니다
주름이 있어야 구부려질 수 있습니다
주름이 있어야 부러지지 않습니다

\# 주관이 기계라면 주름은 윤활유입니다
    윤활유가 있어야 자동차가 오래 가듯이 유연함이 있어야 오랫동안 주관(가치관)을 지켜낼 수 있는 겁니다

## 입이 열려 있는 동안 귀는 열리지 않는다

"아빠~ 왜 자기 말을 가능한 한 적게 하고 남의 말을 들어야 하는 거야?

"자기가 말할 때는 남의 말이 들리지 않기 때문에 말을 적게 하라는 뜻이야~"

"말을 많이 하면 손해를 보는 것이 아니고?"

"자기를 너무 드러내면 손해를 볼 경우가 많지~"

"…"

· · · · · · · · · · · · · · · · · · · · · · · · · · · · · · · · · · · · · · · · · · · · · · ·

한 번에 두 가지를 동시에 할 수는 없습니다

입을 열 때는 귀는 막아두는 것이 이치이므로 말을 조심해서 할 필요가 있고 남의 말을 경청할 필요가 있는 것입니다

\# 말로 돈을 버는 사람들은 말을 많이 해야 합니다

　그래야 돈을 많이 벌기 때문입니다

　그런데 말로 돈도 벌지 않는 사람들이 말을 너무 많이 하는 경우가 있습니다

　이것을 허풍이라고 합니다

　내 말을 할 때는 남의 말을 열 번 이상 들은 후에 하는 것이 좋습니다

　그러나 나이를 먹어가면서 이러한 진리를 잊고 더 많은 말을 하곤 합니다

　이럴 경우 노인이라고 부르고 말이 적을 경우 어르신이라고 부르는 것입니다

# 작은 것은 소리가 세다

"아빠~ 큰 개와 작은 개 중 누가 더 많이 짖는지 알아?"
"그거야 작은 개지~"
"왜?"
"작은 개는 짖는 것밖에 못 하니까~"
"…."

· · · · · · · · · · · · · · · · · · · · · · · · · · · · · · · · · · · · · · · · · · · · · ·

빈 수레가 요란하다는 말이 있습니다
작은 악기가 날카로운 소리를 내듯이 작은 것일수록 예민하고 날카롭습니다
큰 것은 소리를 굳이 낼 필요가 없습니다
이미 큰 것으로써 상대를 제압할 수 있으니까요~


# 집에 개를 키워 방범을 할 경우 큰 개와 작은 개를 같이 키워야 합니다
   작은 개는 경보를 울리고 큰 개는 경호역할을 하기 때문입니다

# 시사(示唆)편

"아빠! 군인은 살아서 영광이 진급이고 죽어서 영광이 국립묘지에 묻히는 거라며?"
"그래!"
"그게 그 사람들에겐 행복이야?"
"그럼! 그게 최대 행복이지!"
"이해할 수 없어! 그게 뭐 대단하다고?"

# 대접(待接)과 접대(接待)의 차이

"아빠! 대접(待接)과 접대(接待)는 어떻게 달라?"
"둘 다 비슷한데 뉘앙스가 좀 달라"
"어떻게?"
"대접은 내가 좋아서 하는 행위이고, 접대는 남을 위해서 하는 행위야"
"그러 둘 다 좋은 뜻이네~"
"그렇지는 않아~ 대접은 상이 기다리고 접대는 벌이 기다리기 때문이야~"
"…"

∙∙∙∙∙∙∙∙∙∙∙∙∙∙∙∙∙∙∙∙∙∙∙∙∙∙∙∙∙∙∙∙∙∙∙∙∙∙∙∙∙∙∙∙∙∙∙∙∙∙∙∙

대접은 받는 사람의 입장에서 쓰는 말이고
접대는 주는 사람의 입장에서 쓰는 말입니다
그런데 왠지 접대에는 정당하지 못한 뜻이 내포되어 있는 듯합니다

\# 대접과 접대는 똑같은 글을 뒤집어 놓은 것입니다
    그러나 전혀 다른 의미를 내포하고 있습니다

## 실리와 명예는 재보고 재보지 않고의 차이

"아빠! 군인은 살아서 영광이 진급이고 죽어서 영광이 국립묘지에 묻히는 거라며?"
"그래!"
"그게 그 사람들에겐 행복이야?"
"그럼! 그게 최대 행복이지!"
"이해할 수 없어! 그게 뭐 대단하다고?"

........................................................

단순한 사람들이 필요하게 될 때가 있습니다
이리저리 재보지 않고 사는 사람들…
실리는 재보는 사람이 얻지만, 명예는 재보지 않는 사람 몫이었으면 좋겠습니다

\# 때로는 기대하거나 평가받으려 하지 않고 하는 행동이 있습니다
　사람은 측량사가 아니기에 그런 행동을 하는 것입니다
　그러나 그런 행동이 너무나도 값질 때가 있습니다

# 신문은 재방송이 없다

"아빠! 신문은 새로운 소식을 전하는 것을 말하지?"
"그럼! 근데, 그걸 어떻게 알았어?"
"신문은 재방송을 안 하잖아!"
"…"

· · · · · · · · · · · · · · · · · · · · · · · · · · · · · · · · · · · · · · · · · · · · · · ·

대중매체 중에 재방송을 하지 않는 것은 신문일 겁니다
TV나 영화같이 재방송을 하지 않습니다
그러나 비슷한 소재를 뉴스로 계속 내보내니 이것이 재방송의 일환이 아닌가 생각합니다
신문이 언제나 새로운 뉴스를 접할 수 있기만을 기다려 봅니다

# 인생도 신문과 같습니다
    재방송을 하지 않습니다
    만약에 재방송을 한다면 너무나도 재미없을 것입니다
    그리고 재방송을 하지 않고 한번 하기에 그만큼 소중한 것입니다

## 뉘앙스의 차이

밀알과 불쏘시개

한 알의 밀알이 되다

불쏘시개가 되다

똑같이 남을 위한 거름이 되는 것이나

밀알은 자의적이고 불쏘시개는 타의적이다

전자는 희생이고 후자는 이용당하는 것이다

그래서

전자는 능동형이고 후자는 수동형이다

이용당하거나

속임을 당하는 것은 아주 질이 나쁘다

강도나 절도보다

사람의 영혼을 피폐하게 만들기 때문이다

## 받아들이지 않으면 메아리가 되는 거야

"아빠! 메아리가 들리는 건 왜 그래?"
"그건 소리가 산에 부딪쳐서 들려오는 소리야!"
"아하…"

· · · · · · · · · · · · · · · · · · · · · · · · · · · · · · · · · · · · · · · · · · · · · · · · · · · ·

'공허한 메아리로 들려올 뿐…'이란 말이 있듯이
내 말을 충분히 소화하지 못했다면 상대방으로부터 메아리가 되어 들려오는 때가 있습니다

\# 자기가 말하는 이유는 상대방을 이해시키거나 알아듣게 하기 위해서입니다
　상대방은 아무런 반응도 없는데 말하는 것은 떠드는 것과 같습니다

# 국물은 그저 국물일 뿐 진국이 아니다

"아빠! 국물이 진국이라며?"
"그래 국물이 아주 좋다는 얘기야?"
"그럼 '넌 이제 국물도 없어'란 말은 뭐야? 그 대신 '넌 건더기도 없어'라고 해야 되잖아?"
"엉?"

· · · · · · · · · · · · · · · · · · · · · · · · · · · · · · · · · · · · · · · · · · · · · · · · ·

국물도 없다는 얘기는 건더기를 다 먹고 난 후 찌꺼기 국물도 없다는 소립니다
가끔은 무슨 뜻이 서려 있는지 확인하고 말할 필요가 있습니다


\# 스시(초밥)에서 주인공은 생선회가 아니라 밥이고
   백반의 주인공도 여러 가지 반찬이 아니라 밥입니다
   주객이 전도되는 상황을 만들 필요가 없는 것입니다

## 트러블(Trouble)을 없애기 위해 트래블(Travel)을 하는 거지

"아빠! 여행을 가는 이유가 뭐야?"
"글쎄… 뭔가 찾거나 뭔가를 잊으려고 가는 것이 아닐까?"
"찾는 건 뭐고 잊는 건 또 뭐야?"
"잊으면 찾게 되고 찾으면 또 잊게 되지!"
"…."

· · · · · · · · · · · · · · · · · · · · · · · · · · · · · · · · · · · · · · · · · ·

당장만을 위해 사는 사람들에게 여행이란 생각해 보는 시간을 줍니다
어쩌면 생각 없이 살아왔던 자기 모습을 그때서야 알게 될 겁니다

\# 여행은 막힌 부분은 뚫어 원활하게 순환시켜 주는 역할을 합니다
　따라서 새롭게 찾는 부분도 잊어야 될 부분도 없는 것입니다

## 야구선수들이 그라운드에 침을 뱉는 이유

야구선수 중 꽤 많은 사람들이 그라운드에 침을 뱉는다

그런데
다른 경기에서의 선수들은 대부분 침을 뱉지 않는다

농구와 배구, 그리고 핸드볼은 마룻바닥이고
축구와 럭비(아메리칸풋볼)는 태클이 많고
탁구는 자신들이 미끄러질 수 있는 그냥 바닥이고
테니스는 예의를 갖추는 경기이기에 그럴지도
모른다

남들은
야구가 힘든 경기이고 긴장해서 침을 뱉는다고 하지만
(투수보다 타자가 더 뱉기에 타당성이 결여되었다)
그러나
침을 뱉는 이유 중 하나는
원래
씹는 담배를 피우던 습관 때문에
침을 뱉었던 것이다

그런데
한국 야구에서는 씹는 담배를 피우지
않고 있지 아니한가?

결론은 습관이며
관중이
나무라지 않기에 계속 뱉는 것이다
(또한 제재를 하지 않기 때문이다
경기를 보는 사람들 중 어린이들이 많이 있음에도
누구 하나 문제를 제기하지 않는다
아니 오히려 침 뱉는 모습이 멋있다고 칭송하기까지
한다)

이제
자신의 경기장에 침을
뱉지 않는 예의가 필요하다
(돼지나 자기 여물통에 발을 넣고 먹는 것이다)

한 번쯤 주의나 경고가 필요하다

## 잣대를 생각보다 적게 하면 쓸 만한 사람들이 많이 보인다

"아빠! 세상엔 쓸모없는 사람들도 많지?"
"그런데?"
"쓸모없는 사람들은 없어도 되지 않아?"
"없어질 수 있을까?"
"글쎄… 힘들 것 같은데…"
"없애는 것보다 쉬운 일은 그 사람을 쓸모 있게 내 편으로 만드는 거야!"
"아 ~"

. . . . . . . . . . . . . . . . . . . . . . . . . . . . . . . . . . . . . . . . . . . . . . . . . . .

보통 이상의 잣대로 사람들을 볼 때 필요 없는 사람들이 많이 나오게 됩니다
잣대를 낮추든가 아니면 포용하든가 빨리 결정해야 합니다

\# 자기가 가지고 있는 자를 적게 만들면 모두가 즐거운 세상이 됩니다
　그러나 너무 작게 만들면 의미 없는 자가 돼버리고 맙니다
　그렇다고 너무 크게 하면 모두가 어려워지는 세상이 됩니다
　따라서 크기를 조절할 수 있는 유연한 자를 가지고 다니는 것이 좋을 듯합니다

# 끄느냐 미느냐

"아빠! 우리나라 사람은 유모차를 끈다고 말하는데, 일본 사람은 민다고 해!"
"말에도 민족성이 깃들어있는지 모르겠구나!"
"그건 무슨 말이야?"
"우리나라의 경우 자기가 주도적인 역할을 한다는 뜻이 강하고 일본의 경우는 주도적인 사람을 지원한다는 뜻이 깃들여 있으니 말이다!"
"하지만 모두가 주도적이면 어떻게 되는 거야?"
"…."

∙∙∙∙∙∙∙∙∙∙∙∙∙∙∙∙∙∙∙∙∙∙∙∙∙∙∙∙∙∙∙∙∙∙∙∙∙∙∙∙∙∙∙∙∙∙∙∙

모두가 주도적이면 배가 산으로 가겠지!
역할분담이 되어있지 못한 조직은 응집된 힘을 발휘할 수 없는 것입니다

\# 그동안 모두가 너무나도 주도적인 사람이 되고자 했습니다
  그러나 모두가 그렇지 못하게 되니 지도자를 따르는 사람이 되어버렸습니다
  그러다 보니 실질적으로 지도자를 따르지 않고 자기 마음대로 하는 경향이 생겼습니다
  그래서 사회가 잘 굴러가지 않는 것입니다

## 대가를 치르지 않고 요행을 바라다

(실패에서 수업료를 지불하고 길을 찾아야 한다)

흔히 일이 잘 되지 않은 사람들에게 잘 되길
바란다고 하며 격려를 하거나 걱정을 해준다

과연 잘하는 행동일까?

인정적으로 필요하거나 해야만 되는 일이지만
아쉬움이 남는다

그렇게
걱정해주고 격려하면 어려운 상황을 벗어날
수 있을까?

동물의 세계에서 대열을 이탈하거나,
병이 들거나, 다치거나 하면 포식자의
표적이 된다
이것이 자연의 섭리이다
그런 표적이 된 동물들에게 격려와
걱정이 삶을 유지하게 할 수 있을까?

퇴직 후 가게를 열어 장사를 하는데
어려움에 처해 있다면
걱정만으로 도움이 되지는 않는다
또한 잘 되길 기원한다고 해도 잘 되지
않는다

그렇다면
사람들은 왜 의미 없는 행동과 말을 할까?
인정과 의리 때문에?
아니면 인본주의와 인간애 때문에?
(아마도 아무런 도움이 되지 않아 립서비스를
한 지도 모른다
아니면 내 일이 아니라서 쉽게 치부한 것인지도~ )

분명 가게가 안 되는 이유는 있다
입지가 안 좋아서,
업종이 자신과 맞지 않아서,
맛이 없어서,
마케팅이 좋지 않아서,
레드오션 사업이라서,
준비를 철저히 하지 않아서,
열심히 하지 않아서,
경기가 좋지 않을 때 개업해서…

여러 가지 이유 중에
분명 장사가 안되는 이유가 있다

음식점을 차린 지인에게 잘 되게
하기 위해 단골이 되어 주거나
손님들은 자주 끌고 간 적이 있다
심지어
진탕 먹고 나서도
포장해 가서 매출신장에 일조를 한
적도 있다

그런데
과연
그런 도움을 받은 가게는 성공하여
돈을 많이 벌었을까?

아니다
얼마 후 많은 손해를 입고 폐업했다

실패한 원인이 있는데
원인을 규명하지 않고
잘 되기만 기원한 결과인지 모른다

현명하게 대처했더라면 손해를 조금
줄일 수 있었을 것이다

잘못된 판단과 선택에는
대가를 치러야 하는 섭리가
있다
그렇지 않다면
누구나 잘못 시작하거나
잘못 해도
모두 성공해야 하는 어불성설이 있다

마치
학교에 간 학생이 공부를 하지
않아도
공부를 잘하길 바라든가,
아니면 1등이 되길 바라는 것과
무엇이 다른가?

잘못에는 요행을 기원하면 안 된다
그렇게 한다면
잘못된 모든 것의 결과가
무조건 잘 돼야 한다는 뜻이다

잔인할 수 있으나,
잘못된 선택과 과정에는
실패라는 결과를 안겨야 한다

그래야
잘하는 사람이 성공할 수 있고
그 값어치가 존중받는 것이 된다

그리고
실패한 사람이 경각하여
다음에는 같은 실수를 저지르지 않게
되는 것이다

요행을 기원한다면
아무도 노력하지 않을 것이다

그래서
성공과 실패를 부르는 행동에
무조건적인 찬사를 보내지 말고
명석하고 현명한
판단으로 두 번 다시 똑같은
실수를 하지 않게 해야 하는 것이다

# 앞을 보는 사람, 뒤를 보는 사람

"아빠! 젊다는 것과 늙었다는 건 어떻게 구별해?"
"그건 얼굴을 보면 알 수 있잖니?"
"그것 말고는 없어?"
"젊은 사람은 앞만 보는 경향이 있고 늙은 사람은 자꾸 뒤를 보지!"
"…."

......................................................

흔히들 뒤도 돌아볼 겨를도 없다고들 합니다
앞만 보는데도 굉장한 시간을 요하기 때문입니다
나는 과연 지금 자주 뒤를 돌아보는 편일까요?


# 한가하면 과거를 회상하게 됩니다
　바쁘면 현재와 미래를 생각하게 됩니다
　나이가 들어도 자기 일을 한다면 회상에 빠져있는 있는 시간을 줄여 줄 수 있습니다

## 공룡의 존재감

흔히들 몸집이 큰 공룡이 멸종한 원인으로
환경에 적응하지 못했기 때문이라고 비유하며
멸종(경쟁에서 밀리지 않으려면)되지 않으려면
새로운 환경에 적응해 나아가도록 하는 것이
현명하다고 한다

그런데
사실
공룡은 2억 2천 8백만 년 전인 트라이아스기부터
살았으며 쥐라기, 백악기를 걸쳐 지구의
주인이 되었고
약 6,500만 년 전에 멸종했다

무려 1억 6,300만 년 동안 멸종되지 않고
살아왔던 동물이 있었을까?
현재 지구의 주인인 인간은 과연 몇백만 년이라도
생존할 수 있을까?
학자들은 머지않아 인간이 지구에서 멸종될
가능성이 높다고 보고 있다

지구에서의 멸종역사는
총 5차례 있었는데
최초 4억 4,300만 년 전 1차 대멸종을 시작으로
2억 4,500만 년 전 3차 대멸종 시기에는
생물 종 95%가 멸종했고,
6,500만 년 전 5차 대멸종 시기에는 공룡이
멸종했다

이처럼 멸종의 주기는 점점 빨라져
6차 멸종에는 인간이 그 대상이 될 수 있다고
경고하고 있다

공룡보다도 더 짧은 역사를 가질지도
모르는데(가능성이 아주 높은데)
오랫동안 지구를 지켜왔던
공룡을 너무 무시하고 홀대하는 것은
아닌지,
그리고
이러한 잘못된 비유가
아직도 횡행하고 있는 것에 대해
반성이 필요해 보인다

## 삼겹살 Day

3월 3일은 삼겹살 데이다
삼겹살 판매 장려(獎勵)를 위한 상술이 들어있는
날인 지도 모른다

국민 외식과 회식,
그리고 나들이의 대표적 고기인 삼겹살!

서민들이 먹던 고기가 이제 서민이 즐길 수
없을 정도로 값이 뛰었다
그래도
먹던 습관이 있어 기꺼이 돈을 지불하고
먹는다

삼겹살은 일본으로 등심, 안심 등의 고기를
수출하고 남은 고기였다
전 세계 대부분의 나라는 먹지 않거나,
싸게 팔리는 저질 고기인 것이다

고기를 일 년에 몇 번 못 먹던 한국인에게
판매와 섭취를 장려해야만
처분할 수 있어 전략적으로 먹게 한 것이
유래라고 한다

그런데 너무나 많은 소비로
오래전부터
삼겹살을 수입하다 보니 수출하는 나라들은
환호성을 지른다
먹지 않는 고기를 처분할 수 있고
또
더욱 놀라운 것은 비싸게 수출된다는 것이다

삼겹살의 문제는 가격만이 아니다

지방섭취는 비만과 혈관계 질병을 유발한다
또한
삼겹살을 직화구이로 먹으면 발암물질이
생성되어 발암물질 훈제로 코팅한 고기를
먹어 암을 유발할 수 있게 한다

어느 나라에서도
먹지 않거나, 싸게 취급하는 고기를
가장 비싸게
그리고 가장 위험하게 먹는
습관을 이제 버려야겠다

그래야
돼지고기 가격의 왜곡을 막고
국민건강에 이바지할 수 있다

## 원칙은 원래 융통성을 동반해야 돼

"아빠! 원칙이란 뭐야?"

"그건 사람이 마음대로 하지 않게 일정한 기준을 만들어서 쓰는 걸 말해!"

"그럼 원칙에 충실한 사람은 융통성이 없는 사람이네? 박힌 틀에서만 행동하니까!"

"그렇다면 융통성 있는 사람은 원칙이 없는 사람이란 소리니?"

"그런 거 아냐?"

"원칙과 융통성은 다른 게 아니야! 원칙만을 고수하는 사람은 오히려 원칙적이지 못하다고 하지! 올바른 융통성을 지닌 원칙이야말로 진짜 원칙인 거야!"

"그걸 어떻게 구별해?"

"그게 힘들지…"

· · · · · · · · · · · · · · · · · · · · · · · · · · · · · · · · · · · · · · · · · · · · · · ·

원칙적인 사람에게 융통성이 없다고 핀잔을 줍니다

융통성이 있는 사람에게 무원칙적인 사람이라고 폄하합니다

그건 원칙적이지 못한 눈으로 보기 때문일 겁니다


\# 원칙이 주식이라면 융통성은 간식입니다

   간식으로만 살아갈 수는 없습니다

   그러나 간식 없이 살면 재미가 사라집니다

   주식을 먹으며 삶을 풍요롭게 하기 위해 간혹 간식을 즐겨야 하는 것입니다

   그러나 맛있다고 간식에만 매달린다면 주식의 의미가 사라지게 되므로 주의할 필요가 있습니다

## 직업이란?

당신은 어떤 일을 하나요?
육체노동자입니까?
정신노동자입니까?
당신은 일과 관련하여 고객(상대방)을 만족시켜 줍니까?

만약에 그렇지 못했다면
직업을 바꿔봐야 합니다
비록
자신은 만족하지 못할지언정
고객은 만족시켜줘야 하는 당위성이 있기 때문입니다

하찮은 일을 하는 사람도
고객을 만족시켜 줍니다
비록
자신은 만족하지 않더라도…

그러므로
적어도
직업에 있어
고객은 우선 만족시켜 줘야 합니다

그러나

이를 통해

자신도 만족했으면 합니다

사랑이

자기와 상대방 모두를 만족시켜 주기에

아름다운 것처럼…

# 줄서기가 나쁠 수 있는 이유

"아빠! 일본 사람과 한국 사람의 다른 점은 뭐야?"

"글쎄다… 한마디로 딱 잡아서 얘기할 순 없을지 몰라도 내 생각엔 이것 같구나!"

"뭔데?"

"일본 사람은 어려서부터 줄서기를 잘하고 한국 사람은 나이가 먹으면서 줄서기를 잘한다는 거지!"

"엉?"

"일본 사람은 질서를 잘 지킨다는 말이야!"

"…"

"한국 사람은 줄을 잘 선다는 말이지!"

"…"

· · · · · · · · · · · · · · · · · · · · · · · · · · · · · · · · · · · · · · · · · · · · · · · · · · ·

줄서기가 나쁜 것일 수도 있습니다

\# 연줄은 어느 나라에도 있습니다

학연과 지연 혈연 또한 어느 나라에도 있습니다

동일한 평가 결과가 나왔을 때, 연줄을 활용하는 것은 당연한 이치라고 생각합니다

그러나 모자란 사람이 연줄만을 활용하려 한다면 사회질서를 위반하는 처사입니다

## 남이 편해지는 사회

남극의 대왕펭귄들은
영하 60°C의 추위와 시속 100Km의 강풍,
그리고
눈보라를 이겨내기 위해
서로 가까이 뭉쳐 지낸다

털이 있으나 추위를 막기엔 너무나도
빈약함을 이미 알았기에 서로 부대끼며
사는 것이다

양들은 추운 겨울에 서로 떨어져서
지낸다

혼자 지내도 견딜 만한 털을 보유했음을
이미 알았기 때문이다

그러나
함께 어울려 지냈더라면
한결 더 따뜻한 겨울을 보냈으리라

사회는
자기만 생각하는 사람들 때문에 각박해지고
남을 생각하는 사람들 때문에 그래도 살 만한
것이 된다

올해에는
내가 편해지는 행동보다
남이 편해지는 마음과 행동을 간혹 느꼈으면
한다

## 사랑의 깊이

"아빠! 내가 아빨 닮아야 기분 좋지? 원래 자기를 닮으면 좋아하잖아?"
"그걸 말이라고 하니? 당연하지! 우리 아들!"
"근데 엄만 내가 아빠를 닮아서 더욱 사랑스럽다는데?"
"…"

· · · · · · · · · · · · · · · · · · · · · · · · · · · · · · · · · · · · · · · · · · ·

그렇습니다
엄마의 사랑은 더 헌신적인가 봅니다
아빠의 다소 이기적인 모습보다…

\# 아빠는 엄마를 보며 살고
   엄마는 아이를 보며 살아가는 이치입니다
   그러나 아이 속에서 아빠를 그리게 됩니다

# 세상을 원만하게 살라고 주위환경에 둥근 것이 많아

"아빠! 왜 맨홀 뚜껑이 둥그레?"
"네모난 뚜껑도 있던데?"
"정말?"
"아마 맨홀 구멍이 둥그레서 그럴 거야!"
"쳇! 그럼 문이 네모난 것은 들어가는 사람이 네모라서 그런 거야?
"그건 이사할 때 드나드는 가구가 네모니까 그렇게 만들었지! 어흠!"
"…."

· · · · · · · · · · · · · · · · · · · · · · · · · · · · · · · · · · · · · · · · · · · · · · · · · · ·

맨홀 뚜껑은 빠지지 말라고 해서 원이 되었답니다
그러나 각진 세상(쳐다보면 온통 건물도 네모, 거리도 네모, 간판도 네모…)에 원만하게라도 살라고 길바닥에 원을 만들었는지도 모릅니다
구기 종목을 좋아하는 이유도 원만함을 추구하기 때문인지도 모릅니다

\# 원만하게 사는 것이 일반적으로 필요합니다
    그러나 원만하기만 하면 만사형통일까요?
    때론 모난 것도 있어야 재미있는 세상이 되고 활기찬 세상이 되지 않을까요?

## 좋게 만드는 노력보다 나쁜 것을 없애려는 노력이 더 중요해

"아빠! 어떤 사회가 좋은 사회야?"
"내가 보기엔 불합리한 요소를 찾아서 자꾸만 없애주는 사회가 좋은 것 같구나!"
"왜?"
"불합리한 것은 완전히 없앨 수가 없거든!"
"왜?"
"너무나 다양하고 복잡하기 때문이야!"
"복잡다단(複雜多端)하면 언제나 불합리적인 게 존재하는 거야?"
"사람들이 그렇게 만들어 가!"
"…."

・・・・・・・・・・・・・・・・・・・・・・・・・・・・・・・・・・・・・・・・・・

사람들이 만들어 갑니다
그리고 사람들이 없애 갑니다
좋은 사회는 좋은 것을 만들어가는 속도보다 나쁜 것을 없애주는 속도가 더 빠른 사회입니다

\# 좋은 것을 만들어가는 사회보다 나쁜 것을 없애주는 사회가 더 필요합니다
   좋은 것을 만들어 보면 모두가 금방 알아채고 좋아하기 쉽지만, 나쁜 것은 모두가 알아채기 힘들기 때문입니다
   그래서 나쁜 것이 횡행하게 되는 것입니다
   결국은 손을 쓰지 못할 지경에까지 이르게 되어 낭패를 보기 때문입니다

## 적합한 것만이 내 편은 아니다

"아빠! 능력 있는 사람들에게 인정받아야 되는 거지?"
"그럼!"
"그럼 능력 없는 사람들에게 인정받으면 안 되는 거야?"
"아니!"
"응?"
"능력 있는 사람은 능력 없는 사람들에게 우선 인정을 받아야 성공해!"
"응?"
"그래야 살아남아 능력 있는 사람들에게 인정을 받게 되거든!"
"…."

∙∙∙∙∙∙∙∙∙∙∙∙∙∙∙∙∙∙∙∙∙∙∙∙∙∙∙∙∙∙∙∙∙∙∙∙∙∙∙∙∙∙∙∙∙∙∙∙∙∙∙

혼자 똑바로 걸어가고자 하나 날씨가 가만히 있지 않습니다
언제나 맑은 날만 있는 것은 아니기 때문입니다
그래서 바람 부는 날이나, 비 오는 날 등에도 빨리 적응해 가며 살아야 합니다

\# 어린 싹이 자라나기 위해서 커다란 바람이 불어서는 안 됩니다
　자라기도 전에 쓰러져버릴 테니까요
　어린 싹은 넘어지지 않으려고 뿌리를 곳곳으로 내리고 줄기가 튼튼해지려고 많은 자양분을 먹고 자랍니다
　그래야 바람이 불고 날씨가 나빠도 나무로 우뚝 솟아 흔들리지 않고 자리를 지킬 수 있는 겁니다

## 여론(輿論)은 진실을 말하기 전 이야기

"아빠! 여론(輿論)이란 뭘 뜻하는 거야?"
"그건 마치 벌거벗은 임금님 이야기와 같은 거야!"
"응?"
"서로 진실을 말하지 않고 끙끙대는 거지!"
"그렇게 항상 잘못된 거야?"
"아니! 여론을 이끄는 사람들에겐 그것이 언제나 진실이지!"
"…."

· · · · · · · · · · · · · · · · · · · · · · · · · · · · · · · · · · · · · · · · · · · · · · · · · ·

누군가 아주 어린 아이처럼 "임금님은 홀딱 벗었대요!"라고 외치기 전까지는 헛똑똑이가 되는 것이 여론인가 봅니다

\# 여론은 가끔 허상입니다
　이러한 허상은 잘못된 사실을 튼튼한 여론으로 성장시키기도 합니다
　그래서 더욱더 여론을 믿게 합니다
　그러나 사실이 아님이 발각되었을 때는 이미 많은 상처를 남기고 떠나가 버립니다

## 진짜와 가짜를 구분하는 능력을 가져야 한다

뇌물을 주는 사람에게

받겠습니다
.
.
.
.

그런데 마음만 받겠습니다

모두가 환호한다
왜 그럴까?
이게 옳은 행동이었나?
뇌물을 주려는 하는 것은 의도가 우선 나쁜 것인데
그러한 나쁜 마음만은 받겠다니…
나쁜 의도를 응징해야 선을 추구하는 것 아닌가?

따라서
마음만 받겠다고 하지 말고
고소/고발을 해서 죄에 대한 벌을
받게 해
다시는 똑같은 일이 발생하지 않도록
해야 한다

그렇지 않으면
뇌물을 주려고 한 사람이 그것을 받을 수
있는 사람에게 계속 유혹을 할 것이다

지금 이 나라에는 시비지심(是非之心)이
사라진 듯하다
격이 떨어지는 가짜들이 판을 치니
애먼 사람들이 몸과 마음을 다치고
있는 것이다

원래 가짜는 진짜보다 더 그럴싸하다
큐빅이 다이아몬드보다 빛나며
금멧끼(도금)가 금보다 빛나는 법이다

그러나
시간이 지나면 큐빅과 멧끼는 바랜다
마치 진실이 거짓을 이기듯…
진짜는 변하지 않는 법이기 때문이다

냄새 좋은 향수라 하여
벌컥 마실 수는 없다

그리고
반짝인다고 다 보석은 아니다는 진리를
이제라도 알아야 한다

# 다 생각하기 나름이야

"아빠! 나이를 먹어간다는 것은 꿈을 잃어가는 것이래!"
"누가 그러든?"
"사람들이…"
"새해가 되면 희망이 더 생기는 사람이 있고 절망이 더 생기는 사람이 있긴 하지!"
"?"
"시간이 흐르면서 그동안 노력했느냐 안 했느냐에 따라 희망과 절망이 함께 오는 법이란다!"
"…"
"새해는 시간이 흐르면 흐를수록 희망과 꿈이 가까워지길…"

. . . . . . . . . . . . . . . . . . . . . . . . . . . . . . . . . . . . . . . .

똑같은 시간입니다
누구는 희망으로 채워가고 누구는 절망으로 채워갈 겁니다


# 봄에 밭을 갈고 씨앗을 뿌리지 않고 결실을 얻으려 하는 것은 미련한 짓입니다
   곳곳에 씨앗을 뿌려놓아야 가을에 기대를 할 수 있는 것입니다

# 사기는 마음풍선에 욕심을 불어 넣어주는 것

"아빠! 사기는 바보 같은 사람들이 당하는 거지?"
"아니~"
"그럼, 똑똑한 사람들이 당하는 거야?"
"아니~"
"그럼, 뭐야?"
"욕심이 있는 사람들이 사기를 당해~ 만약에 욕심이 없는 사람을 사기 치려 할 때는 욕심이 생기도록 만든 다음에 사기를 치지~"
"…."

∙∙∙∙∙∙∙∙∙∙∙∙∙∙∙∙∙∙∙∙∙∙∙∙∙∙∙∙∙∙∙∙∙∙∙∙∙∙∙∙∙∙∙∙∙∙∙∙∙∙∙∙∙∙∙∙∙∙

씨름에서 버티는 사람을 대상으로 쉽게 이길 수 없듯이
욕심 없는 사람을 대상으로 사기 칠 수 없기에 욕심이 생기도록 유도하는 것입니다

\# 잔잔한 마음을 가진 사람에게 사기를 칠 수는 없습니다
   파문을 일으켜 욕심을 불러내야 합니다
   사기를 당하지 않는 것은 굉장히 힘든 일입니다
   따라서 사기를 당하지 않으려고 사기를 피하는 것이 중요한 것이 되어 버렸습니다

## 이성과 합리의 위험성

직장생활에 있어서 합리적이고(본인이 주장하는 경우도)
이성적인 사람들의 대부분은 언제나 새로운 일을
추진하는 데 걸림돌이었다

합리적인 사람은 자기만의 틀이 있다

그 틀 속에 안주하며 자기의 자(잣대)를 들이댄다

공상가로 인해 과학발전을 이뤘으며,
위험을 무릅쓰는 정신이 서양 지리상의 발견시대를
통해 동양을 앞지르는 계기가 되었다

합리적인 사람이라면 공상과 모험을
절대 기대할 수 없다

생각과 시도조차 하지 않기 때문이다

그저 합리적인 사람들은
개척과 개혁정신이 투철한 사람들이 이뤄낸
결과를 사후 논리적으로 판단해주고 검증할 뿐이다

우리는 지금 말만 하고 방해만 하며
합리적이라고 주장하는 사람들 속에
신음하고 있다

처음은 그럴싸하나, 시간이 지나고 나면
껍데기에 놀아났음을 절실히 느끼게
해주기 때문이다

## 털어야 할 것, 떼어야 할 것

"아빠~ 청소 도와줄게~"
"커튼은 밖에서 털어 오렴~"
"털어야 청소가 돼?"
"먼지는 그래~"

∙∙∙∙∙∙∙∙∙∙∙∙∙∙∙∙∙∙∙∙∙∙∙∙∙∙∙∙∙∙∙∙∙∙∙∙∙∙∙∙∙∙∙∙∙∙∙∙∙∙

먼지는 털어서 청소하지만,
때를 제거하는 방법은 털어서 떼어내는 것이 아니라 달라붙어 떨어지게 하는 것입니다

\# 비누는 때에 달라붙어 함께 떨어져 세탁을 합니다
　사람들 사이도 마찬가지입니다
　먼지 같은 사람은 털어서 관계를 끝내지만,
　털어내기 힘든 경우에는 달라붙어 떼어내는 방법을 쓰기도 합니다

# 두 개의 눈으로 봐야 되는 것

"아빠~ 세상을 좋게 봐야 돼? 아니면 나쁘게 봐야 돼?"
"좋게도 보고 나쁘게도 봐야지~"
"그런데 사람들은 좋게 봐야 된다고들 하던데?"
"그런가?"

· · · · · · · · · · · · · · · · · · · · · · · · · · · · · · · · · · · · · · · · · · · · · · ·

사회를 좋게만 보는 사람은 나쁜 쪽을 보지 못하기에 개선하지 못합니다
사회를 나쁘게만 보는 사람은 좋은 쪽을 보지 못하기에 메마릅니다
개선하지 못 하는 사람들이 사는 사회는 무능하고 메마른 사람들이 사는 사회는 비정합니다
눈이 두 개인 것은 이러한 부분들을 잘 보라는 뜻일 겁니다
나는 좋게만 보는 사람인가? 나쁘게만 보는 사람인가?
아니면 좋고 나쁨을 보는 사람인가?

\# 무능한 사회도 싫고 메마른 사회도 싫습니다
　무능하다면 개선하도록 노력하고
　메마르다면 단비를 내려 적셔줄 것입니다

## 세상은 비빔밥처럼 얽혀 살고 있어

"아빠~ 세상은 어떤 사람들이 만들어 가는 거야?"

"다양한 사람들이지~"

"모두가 필요한 사람들이야?"

"비빔밥에 밥과 고추장, 참기름, 김치, 그리고 여러 가지 나물이 필요하듯이 다양한 사람들이 필요해~"

• • • • • • • • • • • • • • • • • • • • • • • • • • • • • • • • • • • • • • • • • •

공기 속에는 산소만 있는 것이 아닙니다

만약에 산소만 있다면 숨을 쉴 수 없을 겁니다

[공기의 구성]

질소(Nitrogen) 78.08%

산소(Oxygen) 20.94%

아르곤(Argon) 0.94%

이산화탄소(Carbon Dioxide) 0.3%

네온(Neon) 0.0012%

헬륨(Helium) 0.0004%

메탄(Mettane) 0.0002%

크립톤(Krypton) 0.0001%

수소(Hydrogen) 0.00005%

아산화질소(Nitrous oxide) 0.00005%

크세논/제논(Xenon) 0.000008%

그러나

평범한(일반적) 사람들에 의해 사회가 존속하고

엉뚱한(긍정적) 사람들에 의해 사회가 발전하고

한심한(부정적) 사람들에 의해 사회가 퇴보합니다

\# 존재가치가 없는 사물은 없습니다
    모두가 나름대로 가치가 있기 때문에 존재하는 것입니다
    바위 틈에 자라는 소나무도 그 존재가치가 있어서 자라고 있는 것입니다

## 길은 먼저 간 사람들에 의해 만들어진다

"아빠~ 누군가 다니면 길이 된다고들 해~"
"그렇지~ 그리고 많은 사람들이 다니면 길로 굳어지지~"
"길이 아닌 곳도 많은 사람들이 다니면 길이 되는 거야?"
"그렇지~ 잔디밭을 봐봐~ 누군가 다니기 시작하니까 이젠 길이 되어 버리잖아?~"
"…."

· · · · · · · · · · · · · · · · · · · · · · · · · · · · · · · · · · · · · · · · · · · · · · · ·

처음 가는 사람들이 잘 가야겠습니다
안 그러면 길이 나지 말아야 되는 곳에 길이 나버리니까요~
역사도 훌륭한 사람들에 의해 만들어지는 것만은 아닌 것 같습니다
줏대 없는 사람들의 변덕에 의해 생겼을지도 모르니까요~

# 가지 못하는 길은 없습니다
    쓸모없는 길도 없습니다
    만들어진 길을 가는 것은 너무나도 쉽습니다
    길을 만들어 가는 것은 어려운 일입니다
    하지만 만들어 놓는다면 가야만 되는 길이 되고,
    가치 있는 길로 남을 겁니다

## 계단 오르기는 다람쥐 쳇바퀴 돌기

한 계단 오를 대마다 4초의 수명연장은 거짓인가?

제2롯데월드
123층 555m 2,917계단

한 번 오르면 11,668 초(2,917×4초) 수명연장,
(약 3.24시간)

한 번 올라가 볼까?

선수라면 남자 15분대 ~20분
여자 18분대~ 25분

일반인 32분대 ~ 1시간

체력소모는 10km달리기보다 더 심하다

일반인이라면 약 1시간 올라가고
2시간 이상 휴식을 취해야 하므로
수명연장을 위한 운동의 효과를 다 써 버림

따라서
계단 오르기는 시지프의 신화와도 같은
말짱도루묵이며 다람쥐 쳇바퀴 도는 격이다

# 무빙워크가 있다는 건 빨리 갈 수 있다는 뜻보다
# 갈 길이 멀다는 뜻이 내포되어 있다

"아빠~ 저기 있는 무빙워크를 타고 가자~"

"그러자~"

"무빙워크가 있으니까 너무 편해~"

"그렇지~ 걷지 않아도 갈 수 있으니까~"

"무빙워크를 누가 만들었을까?"

"갈 길이 너무 멀다고 생각한 사람이지~"

"…."

· · · · · · · · · · · · · · · · · · · · · · · · · · · · · · · · · · · · · · · · · · · · · · · · ·

게으름이 창조의 어머니가 되곤 합니다

모두가 불편함에 익숙해지고 참기만 한다면 창조는 없습니다

불편함을 해소하려는 마음은 어쩌면 게으른 마음입니다

그래서 좀 더 편해지려고 창조를 하는 것입니다


\# 부지런한 사람이 가끔은 불편함을 모르고 사는 경우가 있습니다

　너무나 부지런하기 때문에 불편한 수고마저도 편하게 느끼는 것입니다

　세상이 부지런한 사람들로만 가득 찬다면 너무나 힘든 사회가 될지도 모르겠습니다

　그러므로 다양한 사람들이 존재해야 사회가 발전하는 법입니다

# 회의 없는 날은 길어 보인다

"아빠~ 회사 일 하면서 가장 지루할 때가 언제야?"

"회의가 없는 날이야~"

"회의가 있으면 지루하지 않아?"

"그럼~ 오전과 오후에 한 차례씩 회의가 있으면 시간 가는지 모르게 아주 좋아~"

"그럼 매일 회의가 있었으면 좋겠다~"

"…."

· · · · · · · · · · · · · · · · · · · · · · · · · · · · · · · · · · · · · · · · · · ·

회의는 잘 해보자고 하는 것입니다

하루를 보내려고 하는 것은 아닙니다

필요할 때 회의가 중요하듯이 내용 없는 회의는 의미 없습니다

\# 회의는 정말로 중요합니다

　이렇듯 중요한 회의가 모이는 것으로 만족하거나, 시간을 보내는 것으로 전락되지 말아야 합니다

　그런데 놀라운 것은 회의를 준비하기 위해 회의를 한다는 것입니다

## 아르바이트

아르바이트는 본업과는 별도의 수입을 얻기 위한
일종의 부업으로 독일어인 Arbeit에서 유래된
말이다

한국인은 알바라고 표현하고
일본인은 바이토(バイト)라고 표현한다

여기서 민족의 습관을 읽을 수 있다

한국인은 처음을 중요시한다
일의 시작,
새해계획,
첫 직장,
첫 만남
새 출발,
신년회 등

일본인은 끝과 마무리를 중요시한다
일 마무리,
한 해 마무리,
포장,
헤어짐,
송년회 등

예전에 가전제품과 전기공사를 하는 한국인과
일본인을 비교한 방송이 생각난다
가전제품을 설치하고 스티로폼 등 커다란 쓰레기만
가지고 돌아가는 한국인(신발도 그대로 신고 들어온다),
잘린 전깃줄 등은 그대로 내버려 두고 떠나는
전기공사업자…
그들이 돌아간 후 열심히 비질과 걸레질을
하고 있는 고객…

이에 반해 일본인인 가전품에서 나온 쓰레기를
하나도 남김없이 가져간다(신발을 벗고 들어온다)
전기공사 전 주변에 비닐 등을 깔아놓고
공사 간 떨어진 쓰레기를 한 번에 모아
깨끗하게 처리하고 가져가는 일본인…
더 이상 고객의 할 일은 없다

일의 시작과 과정, 마무리를 다 잘해야 한다
다 잘하기 어려운 것이 현실적이라면
마무리를 잘해야 한다고 생각한다

벌이는 것보다 매듭을 지는 것이 깨끗하니까~

용두사미(龍頭蛇尾)보다는

화룡점정(畵龍點睛)이~

## 대접(待接)과 접대(接待)

같은 뜻이지만 뉘앙스는 다르다

대접은 내가 좋아서 하는 행위고
접대는 남을 위해서 하는 행위다

대접에는 시중드는 사람이 없으나
접대에는 시중드는 사람이 있기 때문이다

대접은 받은 사람의 입장에서 쓰는 말이고
접대는 주는 사람의 입장에서 쓰는 말이다

대접이 많은 사회는 인정이 넘치고
접대가 많은 사회는 부정이 넘친다

대접을 받으면 반드시 갚으려고 하지만
접대를 받으면 반드시 대가를 치러야 한다

대접은 음식에서 끝나지만
접대는 언제나 그 이상을 원한다

대접 뒤엔 온정이 남아있고
접대 뒤엔 감정이 남아있다

대접은 상이 기다리고

접대는 벌이 기다린다


대접이 뒤집어지면 접대가 된다

뒤집어진 사회는 접대를 부르는 악순환을 초래한다


그래서 대접이 뒤집어지면 안 된다

## 사례에는 손사래가 제격이다

"아빠~ 모두가 좋으면 좋은 거지?"

"그렇지~"

"그럼 뇌물은 나쁜 거야?"

"그럼~"

"왜 나쁜 거야? 주는 사람과 받는 사람이 모두 좋아하는데~"

"…."

. . . . . . . . . . . . . . . . . . . . . . . . . . . . . . . . . . . . . . . . . . . . . . . .

모두에게 좋은 일은 분명히 좋은 일일 겁니다

그런데 뇌물은 당사자 간에만 좋습니다

다른 사람들에겐 피해가 가기 때문에 결국 안 좋은 것입니다


\# 질서를 지키지 않는 것은 사회적 물의를 빚습니다

　뇌물은 질서를 흔드는 나쁜 짓입니다

　정당하게 살아가는 많은 사람들에게 상처를 주는 행위입니다

## 흘리는 땀과 짜낸 땀은 그 맛이 다르다

"아빠~ 사우나에서 흘리는 땀과 노동을 해서 흘리는 땀 중 어느 것이 더 짠지 알아?"
"글쎄다~ 다 똑같지 않을까?"
"왜?"
"몸에 열이 나면 식혀주려고 땀이 흐르는 것이기 때문이야~ 그래서 노동을 하든 사우나에 오래 있든지 간에 몸은 똑같이 뜨거워지니까~"
"그럴까?…"

∙∙∙∙∙∙∙∙∙∙∙∙∙∙∙∙∙∙∙∙∙∙∙∙∙∙∙∙∙∙∙∙∙∙∙∙∙∙∙∙∙∙∙∙∙∙∙∙∙

땀을 흘리는 원리가 뜨거워진 몸을 식히는 것이 맞지만,
왠지 사우나에서 흘리는 땀보다는 노동을 해서 흘리는 땀이 더 진할 것 같습니다
진한 삶의 향기가 나기 때문입니다

\# 자연스럽게 흘리는 땀과 쥐어 짜낸 땀의 염분성분은 같을지라도 노동을 통해 흘리는 땀의 가치에 한 표를 더 주고 싶습니다

## 닻은 드러내면 배가 멈추고, 숨기면 배가 움직이는 것이다

"아빠~ 상대방의 속마음은 어떻게 꿰뚫어 볼 수 있어?"

"그건 정말 어려운 일인데~"

"방법이 없어?"

"상대방을 흔들어 보면 어느 정도 알 수 있을 거야~ 예를 들어 거짓 행동을 한다든가, 시험을 해 본다든가~"

"시험하는 것은 나쁜 거잖아~"

"그럼 다른 방법을 찾아야 하는데 그게 너무 어렵지~"

"…."

• • • • • • • • • • • • • • • • • • • • • • • • • • • • • • • • • • • • • • • • • • • •

속마음을 까볼 수 없기 때문에 알아채는 것은 거의 불가능에 가깝습니다만, 주의를 기울여 자세하게 보면 결국은 알아챌 수 있습니다

왜냐하면 사람은 언제나 빈틈이 있기 때문입니다

\# 사물을 볼 때도 주의 깊게 보면 의도를 알 수 있습니다
　닻을 내린 배는 떠나지 않는 것처럼 말이죠~

# 

소금은 짠맛 외에 아무 맛도 나지 않지만, 남의 맛을 도와준다
소금은 음식에서의 주연은 썩지 않게 함이요,
조연은 맛을 내게 하는 것이다

"아빠~ 학교에서 배웠는데 소금은 굉장히 중요한 거래~"

"그렇지 음식을 썩지 않게 해주고 맛도 내주고~"

"그런데 너무 먹으면 안 좋대~"

"무엇이든 적당한 것이 중요한 거란다~"

"…"

························································

너무 좋아도 적당해야 합니다

친구와 너무 친해도 적당한 거리를 둬야 합니다

이 거리가 예절이라는 것입니다

이처럼 적당이라는 말은 중용과도 같은 중요한 것입니다


\# 사람은 소금을 많이 섭취해서 비만이 된다고들 합니다
　짐승들의 경우 비만인 경우가 드문 것이 과다한 소금을 섭취하지 않기 때문입니다
　소금을 많이 섭취하면 다른 음식을 더 먹게 되므로 비만이 되는 것입니다
　그래서 소금이 최고의 자리에 오르기 위해서는 적당한 섭취가 필수입니다

# 교육(敎育)편

"아빠! 가장 높이 나는 새가 가장 멀리 본다며?"
"그래! 그래서 타조 같은 사람보다 독수리 같은 사람이 되라고 하잖니?"
"멀리 보는 것은 좋은 거네?"
"그럼!"
"멀리 보면 다 볼 수 있는 거야?"
"사실… 자세히는 못 봐!"

# 아무리 그래도 알아는 둬야지~

"아빠! 산보나 가… 응?"
"산보는 일본말이란다. 산책이 맞아!"
"그럼 어떤 것이 일본말이고 어떤 것이 우리말이야?"
"예를 들어 벤또, 한소대, 앗싸리, 나래비, 나라시, 요이 ~ 땅, 만땅, 엥꼬, 빵꾸, 입장(立場) 등등이 있어"
"너무 어렵다!"

. . . . . . . . . . . . . . . . . . . . . . . . . . . . . . . . . . . . . . . . . . . . . . . . . . . . .

우리말이 어렵긴 해도 너무나 외국어, 외래어가 범람하고 있습니다.
문제는 그것이 원래 남의 나라 말인지조차 모른다는 데에 있습니다

\# 외국어가 외래어가 되면 사용하는 데 아무 문제가 없습니다
　문화영향에 따라 언어도 바뀌는 것이니까요~
　그러나 외래어가 아닌 말이고 고유언어가 있음에도 외국어가 쓰인다면 심각하게 한 번 검토해 봐야 할 사항입니다

## 나 자신을 작게 하면 어디든지 들어갈 수 있어

"아빠! 바늘 끝에 찔리면 왜 아파?"
"그건 바늘이 살을 파고 들어가기 때문이야!"
"왜 살을 파는데?"
"바늘 끝은 뾰족하고 작잖아! 그래서 들어가는 거야!"
"아하…"

· · · · · · · · · · · · · · · · · · · · · · · · · · · · · · · · · · · · · · · · · · · · · ·

아픈 이유가 면적에 작용하는 압력의 차이라고 굳이 설명하지 않아도 자기를 낮추고 작게 하면 어디든지 들어갈 수가 있다는 것을 보여주고 있습니다

\# 이솝 이야기에서 낙타가 텐트 속에 코를 우선 밀어 넣고 양해를 구합니다
   그리고는 이내 텐트 안에 주인을 몰아내고 텐트를 전부 차지합니다
   낙타가 처음부터 코가 아니라 몸을 넣고자 했다면 불가능했던 일입니다
   큰일은 언제나 작은 일로부터 이뤄집니다
   큰일만을 찾는다면 작은 일을 하지 않겠다는 것과 마찬가지이므로 처음부터 할 수 없는 일입니다

# 무제

도와줄 수 있을 때 도와줘라
도와줄 수 없을 때 도움이 된다

할 수 있을 때 해라
할 수 없을 때 편해진다

낼 수 있을 때 내라
낼 수 없을 때 궁색해지지 않는다

움직일 수 있을 때 움직여라
움직일 수 없을 때 후회가 없게 된다

모일 수 있을 때 모여라
모일 수 없을 때 아쉽지 않게 된다

땀 흘려야 할 때 땀을 흘려라
땀 흘리지 못할 때 민망스럽지 않게 된다

사랑할 때 사랑해라
사랑할 수 없을 때 연연해지지 않는다

# 오른손과 왼손의 유래는?

"아빠! 오른손은 왜 오른손이야?"
"그건 오른손은 많이 사용하다 보니 옳다는 뜻의 오른손이 된 거고 왼손은 자주 사용하지 않다 보니 옳지 않다(외다 : 그르다), 또는 서툴다란 뜻으로 쓰인 거야!"
"와!"
"어흠…"

∙∙∙∙∙∙∙∙∙∙∙∙∙∙∙∙∙∙∙∙∙∙∙∙∙∙∙∙∙∙∙∙∙∙∙∙∙∙∙∙∙∙∙∙∙∙∙

손은 똑같은데 어느 손은 옳고 어느 손은 틀릴 수가 없을 겁니다
(사람들이 옳고 그름을 판단한 것이지 손이 그러한 것은 아닙니다)
많은 사람들이 쓰면 정상이고 적은 사람들이 쓰면 그릇되었다는 인식에서 빚어진 결과입니다

\# 다수는 옳고 소수는 옳지 않다는 철학이 내재되어 있었던 것입니다
   그러나 오른손과 왼손이 따로따로 일할 수는 없습니다
   언제나 일을 할 때는 두 손이 만나야 되기 때문입니다
   우리 선조들은 이러한 철학 또한 담아놓지 않았을까요?

# 중요한 것은 언제나 하나야

"아빠! 왜 입은 하나야? 귀와 눈 등은 두 개인데?"
"응, 그건 중요한 것이기 때문이야! 우리 몸에 입, 심장, 위 등은 하나밖에 없잖니! 하나밖에 없어서 만약에 없어지면 위험하게 되는 거야! 다리, 팔, 귀, 눈, 폐, 신장 등은 하나가 없어도 위험하진 않거든!"
"흥, 나 같으면 중요한 것은 많이 만들었을 텐데…"
"….."

· · · · · · · · · · · · · · · · · · · · · · · · · · · · · · · · · · · · · · · · · · · · · · · · ·

심장과 위는 모르겠는데, 입은 자기가 중요한지를 잘 모르고
떠듭니다
중요한 것을 하나만 만든 것은 관리를 잘하라는 뜻일 겁니다
많으면 너무 힘드니까…


\# 중요하기에 많이 만들어 놓는다면 중요하지 않은 기관이 됩니다
　마치 이 세상에 돌보다 금이 더 많이 있다면 적은 수의 돌이 더 각광받았을 테니까요~

# 一
## 손편지

손편지란 말이 유행이다

편지는 안부를 전하는 글로
예로부터 손으로 써왔다

그런데 요즘 손으로 쓰는 일이 드물고
정성을 표현하기 위해 손편지를 강조하는지는
모르겠다

오덕후, 덕후라는 말이 원래 일본어
おたく[お宅 : 오타쿠]에서 비롯되었다

오타쿠는 폐인 또는 마니아를 지칭한다

편지는 일본어로 てがみ[手紙 : 테가미]이다

손편지가 덕후로 변한 일본어라는 것처럼
오버랩되는 느낌을 지울 수 없다

## 구기 종목이라고 다 둥근 공으로 하진 않아~

"아빠! 구기운동은 다 둥근 공으로 하는 것 같아!"
"그래, 축구, 야구, 농구, 배구 등이 그렇지!"
"근데, 럭비나 미식축구는 그렇지 않네?"
"가끔은 그런 놈도 있단다!"

· · · · · · · · · · · · · · · · · · · · · · · · · · · · · · · · · · · · · · · · · · · · · · · · · · ·

다 그런 것 같은데 안 그런 것이 반드시 존재하나 봅니다
그런데도 다 그렇다고 우겨대는 사람들이 있습니다

\# 육지가 바다보다 높은 땅이라고 생각하면 안 됩니다
　바다보다 낮은 땅도 있으니까요
　애벌레가 모두 기어 다닌다고 생각하면 안 됩니다
　누워서 기는 애벌레(굼벵이)도 있으니까요
　인기가 있다고 다 옳은 일만 하는 것은 아닙니다
　잘못도 저지르니까요
　아무런 근거나 판단 없이 인기 있는 사람이 무조건 옳다고 여기는 것은 가장 큰 위험이란 것을 알아야 합니다

# 절망과 포기는 가장 쉬운 선택

"아빠! 우는 경우나 너무 웃는 경우, 똑같이 눈물이 나는 이유가 뭐야?"
"그건 눈물샘을 자극… 아니 우리가 산을 보게 되면 높은 산도 있고 낮은 골짜기도 있잖니? 서로 아주 다른 것은 이렇게 조화롭게 어울릴 수 있는 공통점이 있다는 소리야!"
"그럼 눈물은 슬픈 것과 기쁜 것과는 친구네?"
"친구라기보다는 그것들의 결실이야!"

· · · · · · · · · · · · · · · · · · · · · · · · · · · · · · · · · · · · · · · · · ·

그래서 사람은 가장 안 좋을 때 특히 행복을 추구해야 합니다
그대로 절망하는 것은 너무나도 쉬운 일이기 때문입니다
절망이나 포기보다 쉬운 선택은 없습니다


\# 어려울 때 절실하게 필요한 것은 어렵더라도, 희망을 잃지 않고 다시 시작하는 겁니다
　비록 또다시 어려워지더라도….
　왜냐하면 가장 쉬운 선택은 가장 쉬운 결과만을 낳기 때문입니다

## 하늘과 바다에서도 다양한 운송수단이 있으면 대박이야

"아빠! 사람들은 반드시 육지에서만 살아야 하나 봐!"
"왜?"
"육지에서는 타는 것은 많은데 아직까지 다른 곳에서 타는 것은 별로 없거든…"
"어떻게?"
"아이… 육지에서는 버스, 택시, 승용차, 지하철, 철도, 자전거, 오토바이 등이 많은데, 하늘에는 비행기만, 바다에는 배밖에 없잖아!"
"아하…"

．．．．．．．．．．．．．．．．．．．．．．．．．．．．．．．．．．．．．．．．．．

그런 습성에서인지 몰랐습니다
습성을 고치거나 개발하면 정말 멋진 인생을 살 수 있을 것만 같습니다

# 자기가 처한 상황에 맞춰 생각하고 판단한다는 것이 "안주한다"는 뜻일 겁니다
　가끔은 전혀 다른 세계에 대한 동경과 이해가 새로운 창조물을 만들어 낼 수 있는 원동력이 되기도 합니다

## 소라라는 발음은 일본어로 하늘을 나타낸다

そら[そら·空] : 하늘

그래서
한국의 연예인 중 이소라 씨는

いい[良い·善い·好い] そら[そら·空]

이~소라로 들리기에
좋은 하늘이라는 뜻이 된다고 한다
그래서
남들에게 좋은 이미지를 각인시켜주는
이름이 된다

그런데
얼마 전 인기 있었던 드라마 용팔이에서
수간호사로 나온
오나라 씨는
일본어로 정확히 방귀라는 뜻이다

おなら(방귀)

예쁜 탤런트가

방귀로 불린다면 여간 민망하기 그지없을

것이다

(대장금의 주제곡 '오나라~ 오나라~ 아주 오나~'

가 생각난다 )


그리고

얼마 전에 많이 떴던 오나미란

개그우먼이 있다

오나미라는 발음은

커다란 물결과 파도를 의미하다

(일본인들은 아주 무서워하는

소리다)


おおなみ[大波] : 큰 파도


그래서

이런 뜻 때문에 이 개그우먼은 엄청 억울해

할지도 모른다

그런데
이런 큰 물결은
츠나미 : つなみ[津波·津浪·海嘯] 로
불리기도 한다

자연현상으로 해일을
의미하는데
자연에서는 재해지만,
복을 부르는 이에겐
횡재와 대운을 위한 커다란 변혁이고
복스러운 기운이다

이처럼
나라말들이 발음과 뜻이
다르지만,
간혹
가끔은 비슷해서 놀랄 때도 있다

프랑스어로
몽땅으로 들리는 이 단어는

montant[mɔ̃tɑ̃] : 몽땅

놀랍게도
전부, 합계, 총액이라는 뜻이기 때문이다

"몽땅 줘~^^"

## 인생은 숙제가 아니야

"아빠! 책을 많이 읽으면 정말 길이 보여?"
"보인다기보다는 느껴질 거야!"
"그건 무슨 소리야?"
"책은 지도가 아니야! 많이 읽음으로써 마음의 양식이 넉넉해져 현명한 판단을 할 수 있다는 소리야!"
"그럼 읽거나 보기는 해도 마음으로 이해하지 못하면 아무 소용이 없는 거네?"
"그러엄!"

· · · · · · · · · · · · · · · · · · · · · · · · · · · · · · · · · · · · · · · · · · · · · · · · · · ·

내 인생은 숙제가 아닙니다
반드시 잘해서 평가받는다든가 내일까지 안 하면 안 되는 것이 아닙니다
그런데도 인생을 숙제인 양 사는 사람이 꽤 많이 있습니다
평가만을 기다리며 성과만을 챙기는…

\# 책을 많이 읽었다는 것이 중요하지 않은데, 사람들은 독서량을 따집니다
　판매수익을 목적으로 하는 관련 출판사와 서점의 재미있는 계략인지도 모르겠습니다만, 어쨌든지 독서량보다는 얼마나 많이 이해했느냐, 그리고 자기가 행동하고 판단하는 데 어느 정도 밑거름이 되었는가를 더 중요시해야 한다고 생각합니다
　아마 이런 점은 즉각 평가하기가 힘들어서 독서량에 의존하는지도 모르겠습니다

# 꿈이 아름다운 것은 실현하기 힘든 것을 이겨내서야

"아빠! 난 크면 대통령이 될 거야!"
"정말?"
"그럼!"
"왜?"
"글쎄… 잘 모르겠는데…"
"그럼 알 때까지 '뭐가 어떤 사람이 되겠다'라는 말을 유보해 주렴!"
"…"

· · · · · · · · · · · · · · · · · · · · · · · · · · · · · · · · · · · · · · · · · · · · · · · ·

꿈이 없는 사람은 죽은 사람이랍니다
아직까지도 허황된 꿈은 꾸는 사람도 어리석다고들 합니다
만약에 아무 일도 하지 않으면서 커다란 꿈만 꾼다면….
그러나 꿈을 위해 한 걸음 한 걸음씩 노력해 간다면 꿈은 이제 꿈꾸는 것이 아닌 현실이 될 것입니다

# 어떤 꿈도 좋습니다
　꿀 수만 있다면
　어떤 꿈도 좋습니다
　이루는 것보다 이뤄가는 노력이 보인다면
　어떤 꿈도 좋습니다
　꿈을 가진다는 것은 아직 젊다는 것을 의미하기에

## 성공하는 사람은 자신의 장점을 본다

펭귄은 날지 못해서
수영을 잘하게 된 것이다

나무늘보는 육상에서 시간당 1km도 이동하지
못 하지만
물에서는 빠른 편이다
수영을 잘하기 때문이다

알바트로스는 날고 있을 때가
가장 멋있다
착륙하면 긴 날개 탓에
볼품없게 되기 때문이다

누구에게나 장점이 있다
다만 그것을 모르거나 만족하지 않았을 뿐~

어려울 때나 힘들 때
언제나 희망을 잃지 않기를 바라면서~

# 멀리 보면 안 보이는 것들

"아빠! 가장 높이 나는 새가 가장 멀리 본다며?"
"그래! 그래서 타조 같은 사람보다 독수리 같은 사람이 되라고 하잖니?"
"멀리 보는 것은 좋은 거네?"
"그럼!"
"멀리 보면 다 볼 수 있는 거야?"
"사실… 자세히는 못 봐!"

· · · · · · · · · · · · · · · · · · · · · · · · · · · · · · · · · · · · · · · · · · · · · ·

숲과 나무를 구분하여 볼 줄 알아야 한다고 합니다
숲이 작다면 다 볼 수 있겠지만, 그렇지 않다면 어느 하나도 제대로 볼 수 없을 겁니다
다만 보는 자의 위치가 어느 정도냐에 따라 모든 걸 볼 수 있을 겁니다

# 대충 보는 것보다 자세히 보는 것이 중요할 때가 있습니다
    비록 넓게는 못 보나 어느 것 하나 빠뜨리지 않습니다
    그렇다고 멀리 보는 것이 나쁜 것은 아닙니다
    멀리 보면 미래를 예측할 수 있기 때문입니다
    그러나 이러한 논쟁은 무의미합니다
    가래를 쓰고 호미를 쓰는 용도가 다르듯이
    상황에 따른 적절한 대처가 중요합니다

# 시간은 항상 좋은 친구

"아빠! 시간은 어떤 거야?"
"간절하기도 하고 소중하기도 하고 또 잘 잊기도 하지!"
"이해할 수가 없어!"
"화장실 갈 때 기다리는 시간이 너무 간절하잖니? 또 화장실에 앉았을 때 너무 소중하고, 그리고 일 다 보고 나오면 잘 잊어버리고…"
"아하…"

..........................................

시간은 우리에게 이러한 존재인가 봅니다
비록 잊더라도 금방 나중에 간절히 원하게 되는…
좋은 친구인가 봅니다
좋은 친구처럼 좋은 시간을 가꾸었으면 좋겠습니다

\# 좋은 친구는 그 존재가치가 없어 보이기도 합니다
   그러나 언제나 든든한 내 편입니다
   시간은 누구에게나 공정하게 대합니다
   그러나 시간을 잘 활용하는 사람은 다른 누구보다도 시간의 가장 친한 친구가 될 수 있습니다

## 능력과 의지의 관계

어떤 이는 능력이 되는데도
의지가 없고

어떤 이는 의지는 있는데
능력이 없고

어떤 이는 능력과 의지가
모두 없고

어떤 이는 능력과 의지가
모두 있다

능력을 얻는 데는 시간이 걸려도
의지는 바로 가질 수 있는 것 아닌가?

그렇게 하면 50%는 이미 성공한 것이다
그리고 능력만 키우면 될 듯…

그러나 능력만 있고 의지가
없는 사람에게
능력은 아무 쓸데 없는 거추장스러움이다

## 좋은 길을 모를 땐 나쁜 길을 피하면 돼

"아빠! 길이 아니면 가지 말라는 말이 뭐야?"
"길이 아닌 논, 밭 등으로 갈 수 없잖니!"
"그럼 산으로 가면 안 돼?"
"그게 아니고 '옳은 길'을 가라는 뜻이야!"
"어떤 길이 옳은 길이야?"
"으음… 그건 나쁜 길이 아닌 걸 말해!"
"…"

· · · · · · · · · · · · · · · · · · · · · · · · · · · · · · · · · · · · · · · · · · · · · · · · · ·

사람들은 흔히들 옳은 길은 잘 알지만, 나쁜 길은 잘 모르는 경우가 많습니다

그토록 나쁜 길로 빠지거나 빠져있는지도 모르는 것을 보면…


\# 사람들은 몸에 좋은 음식만을 추구합니다
  건강에 좋은 것이라면 물불을 가리지 않고 먹으려고 드니까요~
  그러나 몸에 나쁜 것은 적극적으로 피하려 하지 않습니다
  좋은 것을 백 번 먹어도 나쁜 것을 한 번 먹으면 말짱 도루묵입니다
  우리는 항상 좋은 것만 취하려 노력하지 말고 나쁜 것을 피하려는 노력이 필요합니다
  마치 투자가 100번을 잘해도 마지막 한 번을 잘못하면 전부를 잃게 되는 이치처럼….

## 가장 늦은 시간은 몰라도 가장 빠른 시간은 지금이란 걸 알아

"아빠! 준비는 언제 하는 거야?"

"생각났을 때 하는 것도 무리가 있는 것 같구나!"

"그럼 언제 해?"

"보통의 사람은 도저히 어쩔 수 없을 때 하거나, 너무 늦게들 하곤 하지! 그러니까 늦지 않을 정도만 하면 돼!"

"그게 언젠데?"

"이렇게 논쟁할 때도 마찬가지지!"

"…"

· · · · · · · · · · · · · · · · · · · · · · · · · · · · · · · · · · · · · · · · · ·

사람들은 언제 어떻게 어떤 결과가 나올 지 궁금해 합니다

그러나 그러한 결과에만 집착한 나머지 가끔은 자기가 어떻게 해야 되는지 잊어버리곤 합니다

\# 무엇이 되겠다고 다짐하는 것은 책임을 진다는 소리와 같습니다
　책임을 잘 지는 사람은 시간을 잘 관리하는 사람입니다
　결과가 좋지 않은 사람들은 대개 시간 관리에 실패했기 때문일 겁니다

## 모두 Bravo?

오페라나 콘서트가 너무 훌륭해서
외치는 소리
Bravo!

이제 환호성의 대상이
남성일 경우 브라보(Bravo),
여성일 경우 브라바(Brava),
남녀 혼성이나 단체일 경우 브라비(Bravi)로 외쳐보자

이탈리아 말로 '잘한다, 좋아' 등의 뜻을 지닌
이 말은 갈채를 의미한다

그리고
노래를 재청할 외치는 소리
Encore!(앵콜, 앙꼬르)

사실 이 말의 뜻은

1. 아직, 여전히 2. 아직, 여태껏 3. 더, 게다가, 그 위에

이다

따라서

이 말은

Bisse로 고쳐 불러야 한다

동사원형

Bisser[bise]

(연호하며) 재청하다

앞으로는

"브라보~비쓰~"로

# 양력이 음력보다 빨라

"아빠! 왜 음력과 양력 2개로 쓰는 거야?"
"응 그건 말이지…"
"하나만 쓰면 되는데 왜 그래?"
"그건 감기에 걸릴까 봐야! 음력 8월에 수영하면 감기에 걸리거든… 그러나 양력 8월에는 누구나 수영을 해!"
"…"

· · · · · · · · · · · · · · · · · · · · · · · · · · · · · · · · · · · · · · · · · · · · · · ·

두 개가 상존하는 이유는 그 가치가 아직까지 남아있기 때문일 겁니다
그렇다면…
가치가 없어진다면 존재하지 말아야 하는 지도 궁금해해야 합니다
적어도 생각하는 인간이라면…

\# 어떤 사람들은 음력이 계절에 더 적합하게 맞는다고 하여 음력을 신봉하기도 합니다 지구가 태양을 돌고 있다는 사실을 알지 못했기에 지구를 돌고 있는 달을 기준으로 만들었으며 모자란 부분은 윤달로 채웠습니다

# 콧수염

우리는 콧수염이라 부르고
일본은 입수염이라 부른다

くちひげ (쿠찌히게)

사실 입 주변에 수염이 나기에
입수염이 더 설득력 있어 보인다

코에는 수염이 자라지 않기 때문이다

왜 그럴까?

우리는 얼굴 관상에서 가장 중요한 부분을
코로 본다
사람들이 얼굴을 쳐다볼 때
가장 먼저 보는 부분도
그래서 코다

특히 코는 얼굴에 중앙에 위치하며
복을 부르거나
돈을 부르는
아주 중요한 역할을 한다

그래서 입 주변에 수염이 났으나
콧수염이라 칭하는 것이다
코의 권세가 입을 누른 것이다
결국
입은
입술 위 코밑수염은 코에게 빼앗기고
입술 아래턱에 난 수염은 턱에게
빼앗긴 것이다

이에 반해
일본은 실질적이다
입 주변에 난 수염을 당연히 입수염이라
부르는 것이다
여기에는 권세와 기득권에 휘둘리지 않는
기세가 있다

좋은 게 좋은 것처럼
잘하면 모든 것이 다 통하는 것과
그래도
평가는 엄격하다는 것의
차이가 있는 것이다

# 목표는 산 너머 산을 의미해

"아빠! 목표란 뭐야?"
"그건 그 다음 목표를 기다릴 때 쓰는 말이야!"
"그게 뭔데?"
"목표를 이루면 그다음 목표를 반드시 준비해야 한다는 뜻이야!"
"왜 그래?"
"그렇지 않으면 그건 목표가 아니라 '끝'이라고 불러야 하거든…"
"…"

• • • • • • • • • • • • • • • • • • • • • • • • • • • • • • • • • • • • • • • • • • • • • •

목표가 마지막이 된다면 그건 정말로 끝을 나타내는 말입니다
목표가 달성되기 전 그다음 목표를 준비하는 지혜를 갖췄으면 좋겠습니다

\# 흔히 대입시험 이후 목표를 잃어버리는 경우가 많습니다
　대학생이 되는 것을 목표로 삼았기 때문입니다
　올림픽 금메달을 목표로 했기 때문에 목표달성 이후 급격히 기량이 저하되거나 은퇴를 하게 되는 경우를 종종 보게 됩니다
　어쩌면 정해진 목표가 자신을 더 크게 만들지 못하고 자신을 가두는 틀이 되어버렸습니다
　목표는 이뤘으나 다음 목표가 설정되지 않아 생긴 문제인 것입니다
　그러나 성공하는 사람들은 목표 이후 또 다른 목표를 설정하고 노력합니다
　한 단계 목표가 인생의 목표가 아니기 때문입니다

## 노인과 청년의 의미

노인은 시간을 보내고
청년은 시간을 쓴다

만약에
시간을 보내는 청년이 있다면
마음이 노인이고

만약에
시간을 쓰는 노인이 있다면
마음이 청년이다

시간을 다루는
사람에 따라
노인과 청년이 구분되는 것이다

나이가 아니라~

얼굴이 늙어서 노인이 되는 것이 아니라
마음이 늙어서 노인이 되는 것이다

얼굴이 젊어서 청년이 되는 것이 아니라
마음이 젊어서 청년이 되는 것이다

노인이 당당하면 청년의 마음을 갖는 것이고
청년이 비겁하면 노인의 마음을 갖는 것이다

누가 노인과 청년을 젊고 그렇지 아니함으로
구분하랴

# 손톱을 잘라내듯이 마음을 관리해야 돼

"아빠! 정말로 80%의 사람은 일을 안 해?"
"그렇다는구나!"
"일 안 하면 일하라고 하든가 그만두게 하면 될 것 아냐?"
"그래도 또 나중에는 일을 하지 않는다는구나!"
"그건 왜 그래?"
"그건 손톱과도 같아! 길다고 잘라내면 또 생겨나거든…"
"안 잘라내면?"
"글쎄… 안 잘라낼 수도 없어! 왜냐하면 손이 망가지니까… 그러나 없앨 수는 없어! 손톱은 항상 자라니까…"
"…"

· · · · · · · · · · · · · · · · · · · · · · · · · · · · · · · · · · · · · · · · · · · · · · · · ·

손톱을 깎아내지 않으면 손이 다칩니다
언제나 건강한 손을 위해선 미련 없이 손톱을 잘라내야 할 겁니다
비록 또다시 자랄지라도…
예쁜 손을 위해서라면

# 마음속에서 선과 악이 교차합니다
   악이 많이 발생한다고 해서 마음을 없앨 수는 없습니다
   마음은 끊임없이 변화하기 때문에 나쁜 부분이 발생하게 되면 그때그때 쉬지 않고 잘라내야 합니다
   마음속에서 선과 악이 공존할 때 자신은 악을 잘라내는 응원군이 되어야만 올바르게 행동할 수 있습니다

## 본성을 숨기고 있는 것들

"아빠! 얼음하고 아이스크림 중 어느 것이 더 차가운지 알아?"
"글쎄~ 얼음 아냐?"
"에이~ 틀렸어! 아이스크림이야! 아이스크림은 영하 12도에서 만들어진대!"
"…."

· · · · · · · · · · · · · · · · · · · · · · · · · · · · · · · · · · · · · · · · ·

왜 그럴까요?
아이스크림은 얼음과는 달리 딱딱하지 않고 부드럽기 때문이랍니다
이처럼 부드러움은 속성까지도 숨길 수 있나 봅니다

\# 부드러움이 상대를 이길 수 있는 것은 본성을 숨기고 상대방을 방심하게 만들었기 때문입니다
　외부적으로 보이는 강함은 상대를 더 강하게 준비하게 합니다
　그래서 어려운 싸움이 되는 것입니다
　외유내강(外柔內剛)이 그래서 필요한 것입니다

**외유내강(外柔內剛)** : 겉은 부드러우나 속은 강한 것은 나타냄

## TV만 보면 절대 부자로 살 수 없다

"아빠! 아빠 왜 맨날 바빠?"

"일도 많고 그래서 그렇지!"

"그러면 집에서는 왜 나랑 얘기할 시간도 없는 거야?"

"너무 피곤하니까 그렇지!"

"쳇! 텔레비전 보는 시간을 한 시간만 줄여도 얘기할 시간이 많을 텐데…"

"…."

· · · · · · · · · · · · · · · · · · · · · · · · · · · · · · · · · · · · · · · · · · ·

진짜 그렇습니다

한 번 해보세요!

30분이라도 잠시 텔레비전을 꺼놓고 아이와 시간을 보내시면 텔레비전보다도 더욱 의미 있고 흥미 있는 시간이 될 테니까요…

\# 텔레비전은 시간을 정하거나 프로를 정해서만 볼 수 있게 해야 합니다

   마치 영화를 보는 것과 같이 말이죠~

   그렇지 않고 텔레비전을 보게 되면 리모컨을 쥐고 잘 때까지 볼 수 있기 때문입니다

   (아니 리모컨을 빼앗으면 바로 깨어나서 다시 텔레비전을 보기도 합니다)

   텔레비전을 보지 않으면 해야 할 일이 많이 있다는 것과 그 또한 흥미롭다는 것을 알게 될 겁니다

## 내가 남들과 똑같으면 안 되는 이유

"아빠! 높은 산과 깊은 해저가 없다면 어떻게 되는지 알아?"
"글쎄~ 등산도 못 하고 잠수함도 못 타고…"
"그게 아니야! 지구가 전부 바다로 뒤덮여 사람이 살 수 없을 거야"
"그런가~?"

· · · · · · · · · · · · · · · · · · · · · · · · · · · · · · · · · · · · · · · · · · · · ·

높고 낮음이 있어야 살 수 있습니다
모두가 똑같으면 살 수 없는 이치일 겁니다
그런데도 똑같이 살라고들 합니다
평범하게 살라고 하는데 높고 낮음이 있는 것이 바로 평범한 것이라는 걸 알지 못하는 듯합니다

# 똑같은 사람이 필요할 때는 매스게임을 할 때뿐입니다
　쌍둥이도 똑같지는 않습니다
　그럼에도 똑같은 사람들을 만들려는 것은 자기 자신에 남이 맞춰지기를 원하는 것과 같습니다
　그러려면 로봇을 만들어야 합니다
　다양한 사람들이 사회를 발전시켜 나갑니다
　모두가 공부만 한다면 악기를 연주하며 노래를 부르는 것을 누가 하겠습니까?
　노래와 음악이 몸과 마음을 편안하게 만들어 주는 것인데도요~

## 노력하는 이무기가 용보다 아름답다

용이 되려다 실패한 뱀이 이무기다
부단히 노력하여 용이 되어 승천을
해야 했는데
용이 되지 못한 것이다

그런데
부단히 노력(과정)했는데도
용이 되어 승천(결과)하는
일이 이뤄지지 않았다고 해도
실망할 필요가 없다

용이 되어 승천하면
천국에서 따까지 역할을 할 텐데
땅 위에서 최강자로 남는 것이
더 나을 수도 있다는 것이다

그만큼
노력한 것이 중요하다는 뜻이고
그런 노력으로 인해
우리는 많은 것을 얻을 수 있다

과학자가 연구 및 개발을
많이 했지만, 노벨상을 수상하지
못 할 수도 있는 것 아닌가?
못 땄다고 해서
과학자 자격을 박탈당하는 것도 아니고
능력이 없어지는 것도 아니다

그리고
개똥밭에 굴러도 저승보다 낫다고 했는데
굳이 승천할 필요는 없지 아니한가?

노력하는 삶이 아름답다

올림픽에서 금메달이 목표인 사람은
금메달과 동시에 선수 생활을 접는다
목표가 달성되었기 때문이다

그러나
진정한 프로는 메달이 아니다
스포츠를 돈벌이와 명예로만 생각하는
아마추어에 비해
진정한 프로는
스포츠 자체를 사랑하는 사람인 것이다

## 열중하지 못 하는 사람들은 열중쉬어!

"아빠! 열중(熱中)한다는 게 뭐야?"
"아마 그것은 아무것도 귀에 들어오지 않는다는 말일 게다!"
"?"
"한 가지에 집중하다 보면 그럴 수 있거든…"
"집중하면 일을 금방 끝낼 수 있겠네~"
"그렇지!"

· · · · · · · · · · · · · · · · · · · · · · · · · · · · · · · · · · · · · · · · · · · · · · · ·

열중한다는 것을 열반과 비교할 순 없어도 새로운 세계로의 몰입인 것만은 확실한 것 같습니다
흔히들 좋아하는 것과 사랑하는 것을 착각하는 경우가 있습니다
그러나 좋아하는 것과 사랑하는 것의 차이는 '애정을 동반하느냐 안 하느냐'인 것입니다

\# 열중하는 것은 어쩌면 작은 열반(涅槃)의 경지에 드는 것과 같습니다
　일을 할 때, 공부를 할 때 열중하지 않으면 시간만 낭비하게 됩니다
　사랑할 때 애정을 갖지 않으면 시간과 마음만 낭비하는 것과 같습니다
　열중하는 것은 시간을 잊게 합니다
　그리고 무엇인가로 채워지는 것을 나도 모르게 느끼게 합니다

**열반(涅槃) : 불교에서 진리를 체득한 최고의 경지**

## 불행하지 않은 것이 어쩌면 행복이야

"아빠! 사람은 무엇으로 살아?"
"글쎄~ 행복?"
"어떤 게 행복인데?"
"불행하지 않을 때가 행복이지!"
"그럼 지금 난 무척 행복해!"
"ㅅㅅ"

. . . . . . . . . . . . . . . . . . . . . . . . . . . . . . . . . .

사람들은 자기들만이 가지고 있는 그릇에 행복을 담습니다
크건 작건 간에…
그러나 그 그릇에는 많건 적건 간에 담긴 것이 있습니다
비록 꽉 채우진 못해도…
그것을 느끼는 것이 행복이 아닐까 생각합니다

\# 행복이란 것을 너무 위대하게 만들어서 따라가지 못해 불행해집니다
　행복은 그저 작은 즐거움인데, 모두가 만족하지 못해 인플레이션으로 행복의 가격만 상승하였습니다
　그 가격이 거품이라는 것을 느꼈을 때 작은 즐거움에도 행복을 느낄 수 있으나, 인지하기까지 많은 시간을 허비한다면 너무나도 커다란 행복을 잃은 것이나 마찬가지입니다

## 일본 속의 한국

일본어로 백제를 나타내는 말은
쿠다라 라고 한다

くだら[百済] : 백제

백제시대

찬란한 문명의 영향을 직간접적으로
받았던
일본에게 백제는 그야말로 숭상의 대상이었다
그래서
지금도
백제를 기리는 말이 있으니
바로 쿠다라나이 란 단어다

くだらない[下らない] 하찮다; 시시하다, 별것 아니다

나이란 뜻은 없다는 것으로
쿠다라나이는 백제가 없다는 뜻이란다

멋진 백제의 풍미와 기운이 없으니

시시하고 보잘것없다는

뜻이 되었다고 한다


또

일본어의 헤어질 때 인사로

사라바란 단어가 있다


さらば[然らば] 그렇다면; 그러면, 그러면 안녕


이 단어는

백제사람들이 서로 헤어질 때 외치던 단어였다고 한다

배를 타고 멀리 떠나는 정인이나 가족들을

보고

반드시 살아 돌아오라는 뜻(배를 타고

떠나는 경우 풍랑 등으로 목숨을 잃는 일이

많다 보니)으로

처절하게 "살아와"를 외친 것이

순경음화를 거쳐

지금의 일본어인 사라바로 바뀐 것이라는 거다

살아와 〉 사라 ᄫ + ㆍ 〉 사라바

왠지 숙연해지는 단어다

이 밖에도 총각을 의미하는

チョンガー(총가~) : 총각, 장가 안 든 남자

가 있다

모두 한국어에서 비롯된 것이라고 한다

(참고로 한국인과 일본인의 유전자 일치는 24%다)

## 만약에 학교가 없어진다면~

"아빠! 요즘은 사교육비가 많이 들어가서 걱정이지?"
"응?"
"사교육비를 없애는 방법이 있어! 공부를 하지 않는 거야!"
"에이~ 그럼 모두 바보가 되겠다!"
"그럼 이 방법은 어떨까?"
"어떤?"
"학교를 없애는 거야!"
"응? 그럼 공부는?"
"TV나 인터넷에서 모든 교육(정규 및 보충학습)을 받는 거야! 학교가 없어지면 학교에 집을 지을 수도 있고 차비를 들이지 않아도 되니까 절약되고 좋잖아?"
"얘야! 학교는 꼭 공부만 하는 곳이 아니란다! 사회성도 인격도 키우는 곳이지!"
"에이! 그런 건 따로 키우는 곳을 운영하면 되잖아!"
"…."

· · · · · · · · · · · · · · · · · · · · · · · · · · · · · · · · · · · · · · · · · · · · · · · · ·

학교를 없애는 방법이 사교육비를 줄이는 방법이 될 수도 있겠다는 생각이 불현듯 듭니다

# 옛날 사람들은 어떻게 공부했을까요?

분명한 건 현재보다 열악한 상태에서 공부를 했다는 것입니다

그 당시 공부를 돈으로 사는 일은 거의 없었다는 것입니다

또한 일부 유명한 스승 말고 대부분은 과외나 학원수업 없이 혼자서 공부해 왔다는 것입니다

그럼에도 또한 분명한 것은 지적으로 현재와 비교하여 떨어지지 않는다는 것입니다

오히려 지혜로운 부분에 있어서는 훨씬 앞설지도 모르는 일입니다

배우는 과목이 한정되어 있음에도 말이죠~

그렇다면 학교 교육이 바뀌어야 하는 것인지 필요 없는 것인지

그리고 대중매체가 발달한 이 시점에서 굳이 오프라인에서의 교육이 필요한지 고민해야 할 필요가 있습니다

이미 선진국은 대학보다 전문학원이 권위 있고, 학교 교육보다 집에서 하는 교육이 유행하고 있습니다

## 컴퓨터 보고 지혜롭다고 하진 않아

"아빠! 많이 아는 사람은 잘났다고 원래 떠드는 거야?"
"누가 그래?"
"신문에서 그러던데?"
"?"
"훌륭한 석학이 너무 잘난 척을 해서 오히려 사회문제를 야기시킨다고"
"지식과 지혜가 다르듯이 석학이라고 해도 지혜롭지는 못해서 그럴 수 있는 거야!"
"아~ 그럼 원래 지식만 있는 사람이 잘난 척 하는구나!"
"^^"

..............................................

컴퓨터는 지식을 많이 소유하고 있습니다
그러나 지혜롭지는 못할 겁니다
그래서 인격을 부여할 수 없습니다
사람도 마찬가지입니다
일부 지식만 있는 사람의 특징은 지혜롭지 못하고 경망스럽다는 겁니다
그런 사람에게 인격을 부여하기가 힘듭니다
컴퓨터 같은 사람은 지혜롭지 못하다는 뜻일 겁니다

\# "아는 것이 병이다"란 말이 배운 것을 이용해 위법을 저지르며 돈을 번다는 것을 의미하는지는 모르겠습니다

배운 사람이 곡학아세(曲學阿世)하는 일이 많다면 교육은 이미 돈벌이의 수단으로 전락한 것입니다

배움에 있어 우선은 지식이었으나 나중에는 세상을 지혜롭게 살아가게 해주는 원동력이 되길 바랍니다

**곡학아세(曲學阿世)** : 배운 것을 올바르게 펼치지 못하고 다르게 해석하여 세상에 맞추어 출세하려는 것

## 역사는 배우라고 존재하는 것이지
## 비난하라고 존재하는 것이 아니다

역사를 잊은 국민들에게 미래가 없다는 말보다
더 중요한 것은 역사를 통해 배우지 못한 민족에게는 똑같은
수난이 반복된다는 것이다

쟤가 날 때렸으니 혼내달라는 말보다도,
그리고
마음 속에서 우러나오는 진정한 마음이 깃들든 그렇지 않든 간에 받는 사과도,
중요하지 않다
대신 누가 해결해 주고 또 사과와 보상을
받는다고 해서 리스크가 없어지는 것이
아니기 때문이다
(말로 하는 모든 행위는 어떠한 신뢰도 주지 못한다)
진주만 기습 이후
미국인들이 한 말은

"용서하되 잊지는 말자"였다
이 말은 다시 똑같이 당하지 말자는 뜻이다

따라서

다시 수모를 겪지 않으려는 노력과 변화가

필요하며

어쩔 수 없는 상황이 발생하면

적어도

다시는 피해자의 역할을 맡아선 안 된다

(가해자를 원하는 것은 아니지만, 피치 못할 상황에서라면 민족의 입장에서 가해자가 되는 편을 선택해야 한다)

## 시간은 진한 물감에 떨어지는 물과 같은 것. 묽게 만들기에~

"아빠! 심란할 때는 어떻게 하면 진정이 돼?"

"그때는 혼자만의 시간을 가져보는 거야!"

"그래도 안 되면?"

"마음을 터놓고 얘기할 대상을 찾아서 대화를 나누는 거야!"

"그래도 안 되면?"

"그럼 진정될 때까지 기다리는 거야"

"시간만 지나면 해결돼?"

"가끔은…"

· · · · · · · · · · · · · · · · · · · · · · · · · · · · · · · · · · · · · · · · · · ·

어려울 땐 시간이 흘러가도 좋을 때가 있습니다

그러면 어려움이 묽어지기도 하기 때문입니다

\# 시간은 가끔 병을 치유한 힘을 가졌습니다

    따라서 어려움은 시간이 지나가면서 그 영향력을 잃어갑니다

    조금 힘든 일이 있으면 조용히 시간을 보내는 것도 현명한 대처법이 될 수 있습니다

# 많이 다니다 보면 길이 돼~ 그러나~

"아빠! 서양인과 한국사람이 다른 점은 뭐야?"
"글쎄~ 용모만 다른 것은 아닌데… 아~ 이러면 되겠구나! 예를 들어 길을 만들 때 한국인은 많이 다니다 보면 길이 된다고 생각하고 서양인은 길을 만들면 사람이 다닌다고 생각하지! 그게 차이야!"
"아하~ 한국인은 철학적이고 서양인은 실질적이네?"
"그런가?"

· · · · · · · · · · · · · · · · · · · · · · · · · · · · · · · · · · · · · · · · · ·

합리적이지 못한 부분이 있어서 실용주의가 발달하지 않았나 봅니다
그 대신 감성과 철학이 발달하였습니다
그러나 이제는 합리적인 사고도 필요하리라 사료됩니다

# 자연스럽게 길이 나는 것은 한국적인 사고입니다
  그래서 집이 먼저 생기고 길이 나중에 생기는데 그로 인해 길은 구불구불하고 좁게 됩니다
  서양(일부)은 길을 먼저 만들고 나서 집을 구획 내에 들어오게 하기에 길은 똑바르고 곧으며 넓습니다
  지금 신도시가 개발되면 넓고 잘 정리된 길을 볼 수 있는 것은 이러한 영향 때문일 겁니다
  이렇듯 이제는 철학과 실질이 공존하는 길이 필요할 것 같습니다

# 인생은 달리기만 하는 것이 아니다

우리나라 교육의 실태

우리나라 교육은
육상경기에서 하나의 출발선에 서서 모두
뛰라고 요구하는 것과 다름이 없다

현재 우리의 교육의 방향은 이러하며
경쟁도 갇힌 틀 안에서만 하도록 되어 있다

교육을 육상경기에 비유해 보자

육상경기에는
높이뛰기, 멀리뛰기, 창던지기, 투포환,
해머 등 다양한 경기가 있다

그럼에도 불구하고
유독 우리의 교육은
하나의 종목에서만 경쟁을 시키며
순위를 매기고 있다

여러 종목을 경쟁하는 올림픽도 아닌
적은 종목의 육상경기임에도
달리기 종목만 평가한다는 것이다
투포환선수도 높이뛰기 선수도
모두 달리기로만 평가하는 것이다

육상경기에는
많은 종목의 메달이 걸려 있다
그중 달리기도 꽤 많은 메달이
있기는 하나
달리기가 육상경기 전체를 대변하지 않는다

그리고
달리기만 잘한다고 해서
육상경기 전체에서 우승하는 것도 아니다

인생을 하나의 육상경기라고 한다면
달리기로만 평가할 수는 없는 것이다

그런데 육상경기보다도 훨씬 다양하고
중요한 우리의 인생이
달리기와 같은 것으로만
평가받아서야…

# 복잡한 건 다 이유가 있어

"아빠! 우리나라는 촌수가 하도 복잡해서 부르기가 힘들어!"
"좀 그렇지?"
"일본 같으면 아저씨, 아줌마 하면 되는데, 우리는 삼촌, 고모부, 이모부, 숙모, 고모, 이모 등 너무 많잖아!"
"그 대신 여럿이 있을 경우 그냥 아줌마라고 하면 누구를 부르는지 힘들잖니?"
"아하~ 여럿이 있을 때 부르기 힘들어서 처음부터 어렵게 구분해 만들어 놓은 거구나!"
"…"

· · · · · · · · · · · · · · · · · · · · · · · · · · · · · · · · · · · · · · · · · · · · · · ·

친족간의 관계를 중요시해서 호칭이 발달했나 봅니다
처음은 어려워도 익숙해지는 것이 문화입니다


# 촌수를 알아야 이에 맞는 호칭으로 부를 수 있습니다
    이제는 대가족이 모여 사는 시대가 아니므로 어려운 호칭을 부를 기회는 적지만, 간혹 호칭 때문에 황망한 경우를 당하기도 합니다
    역사를 배우듯이 가문의 족보와 이로 인해 호칭을 알아본다면 좋은 교육이 될 것입니다

# 준비한 자에게도 실패가 온다

"아빠! 실패를 두려워하지 말라는 뜻이 뭐야? 실패를 해도 좋다는 소리야?"
"아니! 그건 실패했을 때 반드시 나쁜 것만은 아니라는 뜻이야!"
"응?"
"젊어서 한 실패는 나중에 어려움이 또다시 닥쳤을 때, 든든한 친구가 된다는 뜻이야!"
"왜 든든해?"
"실패한 경험이 있으니까 또다시 실수하지 않거든! 그리고 헤쳐나갈 수 있다는 자신감이 생기거든!"
"그러면 나이가 들어서 실패하면 든든해지지 못하는 이유가 뭐야?"
"그건 실패를 설사 이겨낸다고 해도 너무 늦어버리기 때문이야!"
"그럼 젊어서 실패를 자주 해야겠네?"
"…."

∙ ∙ ∙ ∙ ∙ ∙ ∙ ∙ ∙ ∙ ∙ ∙ ∙ ∙ ∙ ∙ ∙ ∙ ∙ ∙ ∙ ∙ ∙ ∙ ∙ ∙ ∙ ∙ ∙ ∙ ∙ ∙ ∙ ∙ ∙ ∙ ∙ ∙ ∙ ∙ ∙

실패를 하라는 뜻을 아닙니다
또 반드시 경험하라는 뜻도 아닙니다
다만 실패할 수 있다는 것을 알고 그랬을 때, 두려워하지 말라는 뜻입니다

# 실패를 두려워하지 말라는 것은 으레 실패할 수 있으니 안심하란 뜻은 아닙니다
젊은이에게 실패는 당연한 것이라고 치부해도 안 됩니다
실패를 부르는 행동을 최소화하여 성공하려는 태도가 중요합니다
그러다 실패하더라도 용기를 가지고 다시 도전하라는 의미가 있는 것입니다

## 꼴등으로 달린다고 걱정하지 마라

아들아~ 딸들아~
꼴등으로 달린다고 걱정하지 마라

만약에
옆으로 뛴다면 다른 사람들과 다시
경쟁할 수 있고

뒤로 뛰면 네가 일등이다

지금 달리는 방향이 꼭
맞는다고 할 수 없으니
다른 방향으로 뛰어봐라

길은
이미 나 있는 곳을 뛰거나 걸으면
일등과 꼴등이 있기 마련이나
360° 사방으로 뛰어나간다면
모두가 일등이 될 수 있다

그리고

설사

앞으로만 뛰어야 한다 해도

지구는 둥그니

너보다 앞서 달리는 사람들이

결국 네 뒤에 위치할 거다


인생은 결승테이프를 끊는 경기가

아니기에…


아빠가~

## 가족이란 배는 끊임없이 사랑이라는 노를 저어야 해

"아빠! 사랑한다는 건 뭐야?"
"소중하게 생각하고 여기는 거지!"
"그럼 사랑해야 하는 사람은 어떻게 구분해?"
"만약에 그 사람이 없다고 가정했을 때, 슬프거나, 힘들다면 그 사람을 사랑해야 하는 거야!"
"그럼 사랑하고 있는지 아닌지는 어떻게 구분해?"
"응 그건 사랑하고 있다고 생각하는 사람이 판단하는 거야!"
"아하~"

· · · · · · · · · · · · · · · · · · · · · · · · · · · · · · · · · · · · · · · · · · · · · · · ·

처음의 사랑은 나로부터 시작되지만, 평가는 상대방이 하는 것입니다

\# 사랑은 끊임없이 노력하며 변화하는 것입니다
   게으른 사람은 사랑할 수 없고 사랑받을 수도 없습니다

## 강 같은 의지는 바다 같은 신념을 낳는다

"아빠! 의지(意志)와 신념(信念)은 어떻게 달라?"
"으음~ 그건 의지가 강물이라면, 신념은 바다인 거야!"
"응?"
"의지는 강물처럼 여러 가지로 나타나지만, 결국은 바다로 흘러가지! 그리고 바다는 그 어떤 영향에도 흔들리지 않지! 그것이 바로 신념인 거야!"
"…"

∙∙∙∙∙∙∙∙∙∙∙∙∙∙∙∙∙∙∙∙∙∙∙∙∙∙∙∙∙∙∙∙∙∙∙∙∙∙∙∙∙∙∙∙∙

작은 빗방울이 샘을 만들고 강물을 되어 바다로 가듯이, 하나의 생각이 모여서 의지를 이루고 그것이 신념이 되어 가는가 봅니다

\# 작은 눈덩이가 굴러서 커다란 눈사람이 되듯 작은 생각이 뭉쳐서 행동으로 나타내면 의지가 되고 신념이 되는 것입니다
  눈사람은 구르기만 하면 저절로 커지지만, 신념은 행동으로 나타내지 않으면 깨지고 마는 것입니다

# 위치가 중요해

"아빠! 지위가 사람을 만드는 거야? 아니면 사람이 지위를 만드는 거야?"
"글쎄~ 지위가 사람을 만드는 경우도 많던데…"
"그럴 경우는 능력이 되지 않는 사람도 지위 덕에 능력이 생긴다는 거잖아!"
"그렇지!"
"그럼 평소 능력이 없어도 된다는 거야?"
"그런가?"
"…."

· · · · · · · · · · · · · · · · · · · · · · · · · · · · · · · · · · · · · · · · · ·

지위가 사람을 만들어간다는 뜻은 능력이 되는 사람이나 지위로 인해 예전보다 더욱 강해진다는 뜻으로 이해해야 할 듯합니다
'권세와 지위가 사람을 만든다'(論語)

\# 씨가 어디서 떨어져서 자라느냐에 따라 결실이 달라집니다
  자신이 좋은 씨라고 생각하면 좋은 곳에서 자신의 브랜드를 만들어 가는 것이 중요합니다

# Busy 땀

"아빠! 열심히 일하면 땀이 많이 나오나 봐!"
"그렇지! 그래서 땀을 뻘뻘 흘릴 때 비지땀을 흘린다고들 하는구나!"
"비지땀이 뭐야?"
"응 많이 흘리는 땀을 말하는데… 바쁘게 일하면 흘린다는 뜻의 busy땀이기도 해!"
"^^"

· · · · · · · · · · · · · · · · · · · · · · · · · · · · · · · · · · · · · · · · · · · · · · ·

가끔은 혹시 한글과 영어가 한 뿌리가 아니었나 생각해 봅니다
그리고 프랑스어도…[몽땅 : montant(전부, 모두)]
언어는 환경에 의해 바뀌었지만, 생각은 비슷할 테니까요…


\# 사람이 공통적으로 느끼는 것을 표현한 것이 언어입니다
　사물을 보았을 때 느끼는 감정이 각 나라의 언어로 나타납니다만, 대부분 비슷한 감정으로 표현됩니다

## 자신만의 블랙홀을 만들자

삼투압은
진한 농도가 옅은 농도를 포획하는 것을 말한다

결국 빈익빈부익부(貧益貧富益富)의 효과를 가져오는
현상이다

농도는 열정을 의미한다
순도 100%의 농도는 주변의 낮은 농도의
것들을 끌어모은다

주변에 사람이 없다는 것은
농도가 짙지 않기 때문이다

사랑을 받지 못하는 것 또한
그렇다

선거에 나가는 후보가 자신감과 열정이
없다면 아무도 그를 지지하지 않을 것이다

자기가 성공하지 못 하는 이유는
남을 끌어당기는 매력이 없어서다

매력 또한 삼투압과 같으니
이제부터라도
매사에 열정을 보여야 할 것이다

하늘은 스스로 돕는 자를 돕는다고
하지 않던가?

열정은
가득 찬 것은 의미한다

하지만
넘쳐나는 것을 추구해야 한다

농도는
100%를 넘을 수 없으나
열정은
10,000%를 넘길 수도 있기 때문이다

진한 향기가 사람을 불러 모으듯이
진한 열정이 자신을 매력적으로
보이게 해
끌어당김의 효과를 볼 수 있다

자석의 힘이 약하면

많은 철 성분을 당기지 못하듯이

강한 힘이 필요하다


블랙홀의 잡아당기는 힘이 강해

무엇이든 자기편이 되게 하듯이~


자신만의 블랙홀 만들 필요가 있다


**빈익빈부익부(貧益貧富益富)** : 가난한 사람은 더 가난해지고 부자인 사람은 더 부자가 된다는 뜻

## 한턱쓰기는 무턱대고 쓰기

"아빠! 이번 시험에 합격하면 한턱 써야 해!"
"시험 본 사람이 고생했는데 오히려 한턱 받아야지!"
"그래도… 합격하면 기분 좋잖아!"
"알았어! 한턱 쓰마!"
"많이?!"
"한턱 쓰면 많이 쓰는 거야! 한턱 쓰고 나면 턱이 없잖니? 그래서 한턱은 무턱대고 쓰는 것이거든…^^"
"^^"

·····························································

언제나 한턱 쓰거나 베풀고 살고 싶습니다!

\# 한턱 쓸 때 이것저것 머리를 굴려 계산하는 모습을 보인다면 그 진정성에 금이 갈 수 있습니다
　따라서 기분 좋게 다른 것은 생각하지 말고 했으면 합니다
　공치사도 나쁘지만, 더 나쁜 것은 해주고도 욕을 얻어먹는 경우가 있으니까 말입니다

## 무능한 사람은 언제나 희망과 교훈을 동시에 주는 사람

"아빠! 우리 반 반장을 보면 답답해 미치겠어!"
"왜 그렇지?"
"너무 능력이 없고 아무 일도 하지 않아! 그리고 하는 일은 모두 엉성하기 짝이 없어!"
"네 말이 맞는다면 그 친구는 너희에게 중요한 것을 두 개나 주는 사람이구나!"
"?"
"희망과 교훈이지!
누구나 반장이 될 수 있다는 희망과 아무나 반장이 되면 안 된다는 교훈이지!"
"…."

· · · · · · · · · · · · · · · · · · · · · · · · · · · · · · · · · · · · · · · · · · ·

우리는 너무나 많은 기회를 너무 쉽게 잃고 있습니다

희망을 주기보다는 교훈이 되지 않길 바랄 때가 더 그립습니다

\# 나는 다른 사람에게 희망을 주는 사람인가 교훈을 주는 사람인가
　다시 한 번 생각해 볼 문제입니다
　능력 이상의 자리에서 노력하지 않고 자리만을 보전하고 있지는 않은가 하는 것
　도….

## 운동은 필요 없다

정량의 식사는 별도의 운동을 요하지 않는다
건강을 위하여 물을 별도로 마시면 안 되듯이
(이미 수분은 다양한 경로로 섭취했기 때문)
자연계의 동물들 중 비만인 놈은 없다
또 별도로 헬스를 통해 체중관리를 하지 않는다
(사냥과 준비 등 생존을 위해 몸을 움직일 뿐이다)
적당량의 음식을 섭취하기 때문이다
그러나 인간은 과식을 하는 특성이 있다
(소화 효율이 가장 낮은 동물에 속한다 하루 세 끼를 먹으니~)
음식은 물론 음주에 이르기까지~
과식 후 다이어트용 운동을 한다면
이건 신진대사 촉진을 유발시켜 생명을 단축시킨다
(격렬한 운동을 하는 사람이 오래 살기는 힘들다. 기계가 한계 가동량이 있듯이)
따라서 적당량의 음식물 섭취가 중요하며 운동은 필요 없게 해야 한다
원인 규명은 하지 않은 채 봉합하려는 태도.
이것이 전형적인 정수기형 문제 해결 방식이다
(상류 수자원을 정제하거나 깨끗하게 보존하면 될 일을 가정마다 정수기를 준비해 미봉한다. 나만 괜찮으면 된다는 사고방식, 마치 선조들이 지게를 만들고 수레를 개발하지 않았듯이)

## 졸업 뒤엔 언제나 입학이 있어

"아빠~ 이제 졸업시즌이야~"

"그렇네~"

"졸업은 그동안 했던 수업을 마무리한다는 뜻이지?"

"아니~"

"그럼 뭐야?"

"새로운 도전을 말해~"

"…"

· · · · · · · · · · · · · · · · · · · · · · · · · · · · · · · · · · · · · · · · ·

시작은 있어도 끝은 없는 겁니다

졸업은 비록 해당 학교를 졸업하는 것처럼 보이지만,

또 다른 상급학교로의 새로운 시작을 의미합니다

그래서

졸업은 또 하나의 새롭고 설레는 도전입니다

# 졸업이란 말의 앞에 붙는 말이 언제나 있습니다

　　○○초등학교 졸업, ○○중학교 졸업, ○○고등학교 졸업, ○○대학교(원) 졸업

이처럼 졸업은 해당 단계를 마치는 것을 의미하는 것이지 인생을 졸업하는 것은 아닙니다

따라서 졸업은 마치기만 하는 것이 아니라 또 다른 것을 준비하는 것을 의미하는 것입니다

# 모든 부분이 다 강할 필요는 없어

"아빠~ 사족(蛇足)이 뭐야?

"응 그건 쓸데없이 덧붙이는 것을 말해~ 뱀을 그릴 때 시간이 남는다고 해서 다리를 그리는 것을 말하거든~"

"토끼와 거북이 경주에서 토끼가 너무 빨리 달려와서 낮잠을 자는 것처럼?"

"…"

· · · · · · · · · · · · · · · · · · · · · · · · · · · · · · · · · · · · · · · · · · ·

눈꺼풀은 약합니다

그렇다고 눈을 더 보호하기 위해서 강화될 필요는 없습니다

눈꺼풀은 가벼우면서 빠르기에 눈을 보호하기란

어렵지 않은 것이기 때문입니다


\# 집을 지을 때 천편일률(千篇一律)적으로 튼튼하게만 지으려고 하는 경향이 있습니다

그러나 때로는 물 위에 짓기도 하고 나무 위에 짓기도 하고, 풀로 짓기도 하고, 벽돌과 콘크리트로 짓기도 합니다

북극에 풀로 집을 지을 수도 없고 흙으로 지을 수도 없습니다

바로 눈과 얼음으로 짓는 것이 가장 적당하기 때문입니다

상황에 맞추지 않고 집을 짓는 것은 필요 이상으로 가지려는 욕심과도 같습니다

**천편일률(千篇一律)** : 여러 사물이 비슷비슷하여 특색이 없는 것을 의미함

## 입과 항문

정자가 난자와 결합(수정), 난할을 하면서 착상을
하게 되고 체세포분열을 통해 점차
우리 몸이 만들어진다

바로 신체의 각 부분 및 장기 등이 만들어지게
되는데 우리 몸의 입구와 출구 역할을 하는
입과 항문도 이때 만들어진다

입과 항문의 결정은 인위적으로 하는 것은
아니지만, 일단 입과 항문으로 정해지면
평생 그 역할을 수행하며 살아야 하다

입은 평생 맛있는 것을 섭취하고 말을 하고
세상과 소통하며 살아간다

반면 항문은 평생 변기와 마주하며 배설하고
세상과 소통하지 않고 살아가게 된다

입은 밝음이요, 항문은 어두움이다

평생 무엇으로 어떻게 살아가야 하나?
입과 항문은 자기가 알아서 정할 수는 없었지만,
자신의 운명은 자신이 정(개척)할 수도 있는 것이다

# 있는 게 생기면 없는 게 생기는 법

"아빠~ 사군자란 게 무엇이야?"
"응~ 사군자(四君子)는 매화(梅), 난초(蘭), 국화(菊), 대나무(竹)를 말하는데, 모두 고난을 극복하는 모습과 식물의 특징이 군자를 닮았다고 해서 붙여진 이름이야~"
"고난?"
"매화는 추운 겨울 끝에 꽃을 피우고, 국화도 늦은 가을의 추위에도 꽃을 피우지~ 그리고 대나무는 추운 겨울에도 푸른 잎을 유지하고 난초는 그 모양이 절개 있게 뻗어있고 그 향기가 은은하게 퍼지기 때문이야~"
"그중 대나무가 제일 멋있는 같아~"
"그건 왜?"
"하늘 높이 쭉쭉 뻗어 있잖아~"
"…"

· · · · · · · · · · · · · · · · · · · · · · · · · · · · · · · · · · · · · · · · · ·

'대나무 고찰'

대나무(竹)

사군자(四君子)

마디가 있어 뻗어 나갈 수 있습니다

그리고 속이 비어서 더 클 수 있습니다

쪼개지긴 쉬워도 부러뜨릴 순 없습니다

그러나 마디가 있어서 잘라 쓸 수밖에 없습니다

그리고 속이 비어서 동량(棟梁)으로 쓸 수 없습니다

하나를 얻으면 하나를 잃는 이치인가 봅니다

\# 버려야 채워진다는 말이 있습니다

　가득 차 있는 것을 비우지 않고는 새로운 것을 받아들일 수 없습니다
　편협된 생각을 버리지 않고는 새로운 사상을 담을 수 없습니다
　두 개를 가진다는 것은 불가능하며 그것이 가능할 경우 불행한 결과를 가져오게 하기 때문입니다


**동량(棟梁) : 대궐의 기둥이 될만한 인재를 말함**

## 획일화된 교육, 21C 과거시험을 보다

해방 이후 미국의 원조로 근근이 살아왔던
민족에게 희망이 있을까?

부존자원은커녕 지식인조차 없던 시절

유일하게 가지고 있는 인적자원

할 수 있는 길은 이 많은 인적자원을
가르쳐 돈을 벌게 하는 것이다

교육만이 살길이라고 하여 자녀 중 똘똘한
아이에게만 투자하여 가족의 가난을
극복하였다

그러나
이러한 현상은 획일화된 교육체계를 만들었고
어느 누구라도
공통된 시험을 통해 서열을 매기는 일에
익숙하게 하였다

서열은
성공으로 가는 목표인 동시에
떨어지는 자는 자기 위치에 만족하게 하는
힘이 있다
(이는 체념으로 발전해 더 이상 자기발전을 꾀할 수 없게 만드는 최악의
단점을 지녔다)

지금까지도
수능이라는 획일화된 시험을 통해 서열을
매기고 있다

공부가 교육이다 라는 말로
모든 사람들에게 똑같이 가르치고
똑같이 평가하다 보니
다양성의 문제가 생기고
평가의 기준과 방법의 문제가 생겼다

그림을 잘 그리는 사람을 평가할 때
국어시험과 영어시험 점수가 먼저 필요하다

화가가 되고 난 후 자기 전공에 대한 심오한 탐구나

배움의 열의가 생겨 다양한 공부를 하는 것이

이치건만

화가가 되기 전에 공부를 완성해야 하는

이상한 기준이 생긴 것이다

마치

골프대회에 참가하려면

영어를 잘해야 된다고 했던 기준이

생각난다(물론 여론에 밀려 폐기됐다)

이제

교육과 평가가 바뀌어야 하지 않을까?

다양한 평가방법이 있음에도

아직까지

과거시험을 보고 있는 현실이라니…

과거시험은

이제 과거시험이 되었으니

그 생명을 다했다

획일화된 교육은 여러 가지 문제를 야기한다
(실업의 문제 등)

이제

개선하지 말고 바꿔야 한다

# 선거에서는 계산을 잘해야

"아빠~ 이번 학급회장 선거에서 12대 8로 졌어~"
"그래도 열심히 했으니까 힘내렴~"
"4표가 부족해서 져서 아까워~"
"그런데 4표가 아니라 2표란다~ 2표가 너를 찍었으면 비겼을 것이고 3표가 너를 찍었으면 오히려 네가 이겼을 거야~"
"…"

· · · · · · · · · · · · · · · · · · · · · · · · · · · · · · · · · · · · · · · · · · · · · · · · · · · ·

맞습니다
3표를 더 받았더라면 11대 9로 이겼을 겁니다
12대 8은 4 차이가 아니라 2 차이입니다
2가 배신했기 때문입니다

\# 여론조사결과 58%대 42%로 지고 있다고 가정했을 때 16%의 갭을 의식한다면, 너무 차이가 나는 것 같아 처음부터 포기할지도 모르겠습니다
  그러나 9%만 더 확보한다면 51%대 49%로 이길 수 있는 것입니다
  그러므로 마지막까지 포기하지 않고 최선을 다하는 것이 중요한 게임인 것입니다

# 되는대로 살면 안 돼

"아빠~ 어떤 사람은 인생을 흘러가는 대로 사는 거래~"
"그런 사람도 있구나~"
"…"

· · · · · · · · · · · · · · · · · · · · · · · · · · · · · · · · · · · · · · · · · · · · · · · ·

인생은 그냥 사는 대로 사는 방법과
살고자 하는 의지대로 사는 방법이 있습니다
흘러가는 강물처럼 살 것인가
흐르고자 하는 쪽으로 개척해 살 것인가
흐르고자 하려면 많은 물이 필요합니다
의지와 에너지가 필요한 것입니다

# 에너지가 있어야 삶의 가치가 있습니다
　에너지는 삶의 활력소이며 존재의 이유가 됩니다
　에너지를 잃으면 동력을 잃은 엔진과도 같습니다
　에너지가 충만하다는 것은 어떤 일도 헤쳐나갈 수 있다는 것을 의미합니다
　엄청난 에너지는 원하는 바를 이루게 합니다
　에너지는 저절로 만들어지는 것이 아닙니다
　에너지는 자기 자신이 만들어 가는 것입니다

# 위기와 기회는 일란성 쌍둥이

"아빠~ 위기와 기회는 같이 온다는 말이 무슨 뜻이야?"
"열심히 살다 보면 위기의 상황이 오기도 하지만 잘 극복하면 기회가 될 수도 있다는 말이야~"
"무슨 뜻인지 모르겠어~"
"위기와 기회는 동전의 양면과 같다는 뜻이야~"
"…"

· · · · · · · · · · · · · · · · · · · · · · · · · · · · · · · · · · · · · · · · · · · ·

위기와 기회는 항상 선택의 상황을 만듭니다
잘 선택하면 기회가 될 것이고 잘못 선택하면 위기가 될 수도 있습니다
모든 것을 기회로 만드는 이와 모든 것을 후회로 만드는 이가 있습니다

\# 사람들은 위기에서 모든 것을 포기하였기에 새로운 기회를 보지 못하고 놓치는 경향이 있습니다
　마지막까지 포기하지 않는다면 새로운 기회를 맞이할 수 있습니다

# 관중은 돈을 내는 사람이지 돈을 버는 사람이 아니다

"아빠~ 텔레비전을 많이 보면 안 좋은 이유가 뭐야?"
"응 그건 보기만 하고 행동하지 않기 때문이야~"
"그럼 보고 나서 행동하면 되는 거야?"
"그럼~"

· · · · · · · · · · · · · · · · · · · · · · · · · · · · · · · · · · · · · · · · · ·

텔레비전에 나오는 사람은 성공하나
텔레비전만 보는 사람은 성공하지 못한다고 합니다
그리고 텔레비전을 만드는 사람도 돈을 법니다

\# 무엇인가를 만드는 사람들은 성공하는 사람들입니다
　무엇인가를 향유하기만 하는 사람들은 성공하기 어렵습니다
　물론 성공해서 향유한다면야 얘기는 달라집니다만

# 선한 것은 부지런쟁이

"아빠~ 선과 악은 어떻게 구별해?"
"그건 네 마음에서 비롯되는 것이야~"
"응?"
"네 마음이 선하면 모든 것이 선해지고 네 마음이 악하면 모든 것이 악해진다는 소리야~"

• • • • • • • • • • • • • • • • • • • • • • • • • • • • • • • • •

선과 악은 모두 나 하기 나름입니다
따라서 선과 악이 좋고 나쁜 것이 아니라 부단히 변화해 가는 나 자신의 마음의 문제인 것입니다
악은 눈뜨면 사라지고 눈감으면 생겨납니다
선은 움직이면 퍼져나가고 멈추면 사그라집니다
눈을 떠야 하고 움직여야 하는 이유가 바로 그것입니다


\# 하루라도 선을 생각하지 않는다면 모든 악이 저절로 생겨난다는 명심보감의 말이 있듯이 무엇인가에 열중하지 않으면 나쁜 생각이 침범하여 열중할 수 있는 기회를 가져갑니다

일일불념선제악개자기
(一日不念善諸惡皆自起) :
하루라도 선을 생각하지 않는다면
모든 악이 스스로 일어날 것이다(明心寶鑑)

## 꿈이 이뤄지지 않을까 걱정하지 마~

"아빠~ 꿈은 정말 이뤄지나?"

"그럼~"

"그 꿈을 이루면 많은 사람들이 나를 달리 보는 거야?"

"그럼~"

"꿈을 이루는 것보다 이루고 나서가 걱정될 때가 많은 것 같아~"

"일단 꽃을 피워 봐~ 그러면 벌과 나비가 날아들 테니~"

· · · · · · · · · · · · · · · · · · · · · · · · · · · · · · · · · · · · · · · · · · · · · ·

식물은 꽃을 피우기 위해 성장합니다

사람도 꿈을 이루기 위해 성장합니다

식물은 꽃을 피우면 벌과 나비가 여지없이 날아와 모여듭니다

사람도 마찬가지일 겁니다

\# 성공하는 것을 걱정해야 하는 것이지 성공한 이후를 걱정할 필요는 없는 것입니다

## 역사를 잊은 민족에게 미래가 없듯이
## 역사를 통해 배우지 못한 민족에게는
## 반복된 역사가 되풀이될 뿐이다

"아빠! 민족을 사랑한다는 말은 어려울 때 도와주고 그 아픔을 같이한다는 거지?"

"글쎄~ 그것도 맞는 말인 것 같은데… 어려울 땐 반드시 그래야겠지만…"

"?"

"그보다 더 중요한 것은 어렵지 않게 사전에 만드는 것이 더 사랑하는 게 아닌가 한다!"

"…"

· · · · · · · · · · · · · · · · · · · · · · · · · · · · · · · · · · · · · · · · · · · · ·

어려울 때 피하거나 외면하면 사랑이라 볼 수 없겠죠!
그러나 어렵지 않게 하는 것이 더 사랑하는 게 아닐까요?

# 어느 민족에게나 시련은 있었습니다
  다만 극복하는 차이가 있었을 뿐…
  그리고 시련을 준 대상을 욕하는 것보다 다시는 시련이 반복되지 않도록 역사를 통해 깨달아 실천하는 것이 중요합니다
  어려운 상황에서도 사랑을 실천하기란 어려운 일입니다
  그래서 어려운 일을 함께 견뎌낸 사람들을 사랑하는 것입니다
  그러나 매번 어려운 일이 반복된다면 사랑도 힘을 잃어갈 겁니다
  따라서 어려운 상황을 만들어 가지 않도록 노력하는 것이 중요합니다

## 학교에서는 지식을 가정에서는 지혜를

"아빠~ 예전에는 어떻게 공부했어?"
"예전 사람들은 사람과 사람과의 관계와 예절과 처신에 대해 현명한 자세를 공부했어~"
"그럼 지금은?"
"지금은 지식만을 주입하려고 하는 것 같아~"
"그럼 지혜는 어디서 배워?"
"그건 이제부터 가정이야~"

· · · · · · · · · · · · · · · · · · · · · · · · · · · · · · · · · · · · · · · · · · · · · · ·

교육비를 반만 내야 하는 이유가 여기 있는지도 모르겠습니다
지식이 반찬이라면 지혜는 조미료입니다

\# 가정에서 많은 대화를 통해 지혜와 처세를 배울 수 있습니다
　만약에 가정에서 배우지 못한다면 다른 곳에서 배우기란 여간 힘들지가 않습니다
　그래서 시간을 내 가족과 함께 식사를 하거나 여가를 보내는 것은 그 어떤 교육보다도 훌륭한 결과를 가져오게 합니다

## 대학은 늪일 수도

"아빠~ 모두가 대학을 나와야 해?"

"그렇진 않지~"

"그런데 모든 부모님들이 자기 자녀는 모두 대학을 졸업하길 바라~"

"경쟁의 사회다 보니 그런 점이 있지~"

"대학을 나오면 경쟁력이 생겨?"

"글쎄다~"

"대학을 다니지 않아도 경쟁력을 키울 수 있어?"

"…"

· · · · · · · · · · · · · · · · · · · · · · · · · · · · · · · · · · · · · · · · · · · · · · · ·

조선시대까지 공부는 양반의 전유물이었습니다

그러나 이제 모두가 자유롭게 공부할 수 있는 권리가 생겼습니다

그래서 모두가 대학을 가는 상황이 벌어졌습니다

그런데 과거보다 경쟁력이 강해졌다고 하는 사람들은 별로 없습니다

왜 대학을 가는 걸까요?


\# 근대화 시기 교육은 우리나라를 후진국에서 개발도상국으로 바꿔놓았습니다
  그러나 이제 교육은 우리나라를 개발도상국의 늪에 빠뜨릴 수도 있다는 생각이 듭니다
  (모두가 대학생인 현실을 보며)

# 맑은 물에는 고기가 살 수 없다

"아빠~ 저 사람은 너무 청렴해서 오히려 사람들이 따르지 않는대~"
"맑은 물에는 고기가 살 수 없거든~"
"그런데 맑은 물에 사는 고기들도 있잖아?"
"그렇지~ 그렇지만 많은 물고기들이 살 수 없다는 뜻이야~"
"그럼 어느 정도 혼탁해야 고기가 살 수 있는 거야?"
"그렇지~"
"아하~ 그래서 바다에는 많은 고기들이 사는구나"
"엉?"

· · · · · · · · · · · · · · · · · · · · · · · · · · · · · · · · · · · · · · · · · ·

바다에 많은 고기들이 사는 이유는 바로 소금이 있기 때문일 겁니다
담수는 썩어도 바닷물은 썩지 않기 때문입니다
담수는 맑은 물이든 혼탁한 물이든 시간이 지나면 썩을 수 있습니다
바로 소금이 없기 때문입니다
바닷물의 3.5%밖에 안 되는 소금이 물을 영원히 썩지 않게 해주고 있습니다

\# 소금이라는 경찰이 존재하는 사회야말로 모든 사람들을 썩지 않게 감시해 줍니다
  깨끗하기만 한 사람이 없듯이 모든 사람들에게 깨끗함만을 강조할 수는 없습니다
  그래서 소금이 필요한 것입니다

## 세꼬시라 부르는 것

せごし[背越し].

우리가 흔히 세꼬시라고 부르는
것으로 작은 생선의 경우 뼈가 붙어 있는 상태로
썰어놓은 생선회를 말한다

그러나 발음은 세꼬시가 아닌 세고시이다

요즘 이러한 세고시를 순우리말로 부르고 있다
바로 뼈째회이다
그런데 발음도 그렇고 조금 어색한 느낌이 든다

그래서 이건 어떨까?

통회,
전부회,
덩어리회

# 눕기 좋아하면 나중에 누울 수 없을 거야

"아빠~ 이렇게 누워 있으니까 편안해~"
"넌, 아무 일도 안 하고 밥 먹고 누워있는 거야?"
"편하니까~"
"지금 편한 것을 취하면 나중에 정말로 편해지고자 할 때 편해질 수 없을 걸~"
"…."

· · · · · · · · · · · · · · · · · · · · · · · · · · · · · · · · · · · · · · · · · · · · · · · ·

무슨 일이든지 대가가 있는 법입니다
게으름을 피우는 것은 당장 몸에는 편할 수 있으나, 나중에 대가를 치러야 합니다
놀 수 있는 시간이 한정되고 일할 수 있는 시간이 한정적이어서 미리 너무 많이 놀아버리면 나중에 놀 수 없는 이치입니다

# 우리는 모두 시계를 가지고 태어납니다
  그 시계는 이미 공부할 수 있는 시간, 놀 수 있는 시간, 일할 수 있는 시간, 편히 쉴 수 있는 시간 등을 타이머로 맞춰 놓여 있습니다
  그런데 미리 다 써 버리면 충전이 되지 않습니다
  그래서 게으름을 너무 피우면 나중에 부지런함의 노예가 될 수 있는 것입니다

## 꽃은 사계절 피는 법이다

꽃은 봄에만 피는 것이 아니다
꽃은 여름에도 피고
가을에도 피고
추운 겨울에도 핀다

그러나 대부분의 꽃들은 봄과 여름에 핀다

그런데 그 많은 꽃 중에는 우리가 평생 보지 못하고 사라지는 꽃들도 많다

가을이 되어 피는 꽃은 그 수가 적은 편이다
그래서 모두가 기억하게 된다

겨울에 피는 꽃은 거의 없다
그래서 더욱 값지게 여겨진다

누구에게나 뽐내는 시기는 있는 법이다
다만 그것이 봄과 여름이 아니라고 속상해할 필요는 없다
대부분의 전성기는 청장년일지라도 그 이후에 전성기를 맞이하는
사람도 있기 때문이다

희소성의 가치가 값어치를 훨씬 더하게 되는 시기에 피는 꽃은 놀랍기까지
하다

어떤 꽃이든 꽃을 한 번 피우고 사라진다
빠르게 피었든 늦게 피었든
그만의 전성기가 반드시 있는 법이다
피는 시기가 모두 다르기 때문이다

그리고 살아가며
물과 같은 사람이 되라고 말하고 싶다
그래서 없어지지 않고 어디든 담길 수 있어야 한다
불과 같은 사람이 되지 말자
그래서 남과 나를 태워 없애버리며 사라지는 우를 범하지 말아야 한다

# 가족끼리 더 알고 싶으면 TV를 꺼라

"아빠 ~ 텔레비전이 없었으면 어떻게 살았을까?"
"왜?"
"이렇게 재미있는 것을 못 보고 살면 너무 억울할 것 같아서~"
"TV를 너무 봐도 나중에 억울해질걸~"
"…."

· · · · · · · · · · · · · · · · · · · · · · · · · · · · · · · · · · · · · · · · · · · · · · ·

하나에 열중하면 다른 것을 볼 수 없습니다
만약에 다른 것을 볼 수 있다면 그것은 하나에 열중하지 않았다는 증거입니다
TV에 열중하면 옆에 있는 사람에게 열중할 수 없습니다
그래서 TV 프로는 꿰차고 있어서 가족에 대해서는 잘 모르는 경향이 있습니다

# TV는 혼자 봐도 안 되고 가족이 있을 때 봐도 안 됩니다
  사색을 방해하고 유대관계를 끊어 놓을 수 있기 때문입니다
  그러나 TV 없이 사는 것은 힘듭니다
  마치 비빔밥을 여럿이 한 그릇에 놓고 퍼먹으면 양을 조절할 수 없듯이 시간을 정해 보는 것이 아주 중요합니다
  그래야 가족과 더 많은 얘기를 나눌 수 있으니까요~

## 젊어서 TV를 한 시간 보면 늙어서 열 시간을 보게 된다

"아빠~ 어릴 때 TV를 봐도 나중에 어른이 되어서 안 보면 되잖아?"
"그럴 수 있을까?"
"난 그럴 수 있을 것 같아~"
"근데, TV를 자주 보면 TV근육이 생긴단다 근육이 생기면 나중에 끊기 어려워지고~"
"근육이 생긴다고?"
"그렇지~"

· · · · · · · · · · · · · · · · · · · · · · · · · · · · · · · · · · · · · · · · · · · · · · · ·

모든 일에는 근육이 생기기 마련입니다
운동도 근육이 생겨야 잘할 수 있듯이 공부도 근육이 생겨야 잘할 수 있습니다
만들어진 근육은 그 일을 지속적으로 하게 하는 힘이 있습니다
그래서 일단 TV근육이 만들어지면 끊기 어려운 것입니다

\# 근육은 나도 모르게 몸을 지배합니다
   그래서 의지를 꺾어 놓고 예전 관성의 법칙대로 움직이게 합니다
   운동리듬을 만들어야 골프를 잘하듯이 TV를 보기 시작하면서 근육이 생기면 나이가 들어도 귀가했을 때, TV부터 틀어 놓고 샤워를 하기도 합니다
   가족끼리 대화를 해도 TV는 항상 켜져 있습니다
   그래서 사전에 근육을 만들지 않는 습관이 중요합니다

## 흠집을 대하는 태도

가족 간에 사소한 싸움은
감정에 흠집을 낸다

이러한 흠집은 보기 좋지 못하니
자동차인 경우라면 나중에 수리를 한다

그러나
흠집은 계속 나기 마련이다

어느 정도 시간이 지나면 흠집을
수리하려는 노력을 멈추게 된다
그때그때 수리가 의미 없다는 것을 알았기
때문이다

많은 시간이 흘러
흠집이 많이 생긴 차를 폐차하거나
혹은
팔아버리거나
아니면 새로 고치게 되는 상황이 벌어진다

그러나
여기서 중요한 것은
흠집을 그대로 두되 폐차를 하거나
팔아버리지는 말라는 것이다

왜냐하면
차를 다시 사도 흠집은 계속 발생하기
때문이다

따라서
흠집을 수리하는 노력을 둘로 봤을 때
그때그때 수리를 하는 것도 좋으나
몰아서
한 번에 하는 것도 나쁘지 않다

팔지만 않는다면~

결국
흠집을 피할 수 있는 신차는 없다
누구나
새로 산 차가 흠집 없기를 바란다

하지만

그럴 수는 없기에

수리해서 써야 한다는 것이다


이것이 가족과 함께 살아가야 하는

이유이며 기술이다

## 비록 잘못 가더라도 뒤로 가는 것보다 낫다

"아빠! 시작이 중요한 거지?"

"그렇지"

"그런데 잘하려고 하다가 중간에 잘못되면 어떡해?"

"잘못될까 봐 시작도 하지 않는 것은 가장 위험한 행동이야~"

"응?"

"무슨 일이든지 다 성공할 순 없어도 시작도 하지 않고 성공하는 방법은 전혀 없거든~"

"…."

"일단 시작을 해야 성공과 실패를 경험할 수 있다는 말이야~"

· · · · · · · · · · · · · · · · · · · · · · · · · · · · · · · · · · · · · · · · · · ·

길을 돌아가더라도 출발은 해야 합니다

똑바로 가는 것보다 시간이 더 걸려도 목적지에 도착은 할 수 있으니까요

그러나 출발하지 않으면 영원히 도착할 수 없습니다


\# 뒤로 가서 목적지에 도달하는 경우는 없습니다

    일단 출발해야 경험으로 성공과 실패를 알게 되므로 나중에 새로운 출발에는 큰 힘이 될 것입니다

# 양말이 흘러내릴 때는 뒤꿈치만 올려서는 안 된다
# 발목 부분까지 올려야 한다

"아빠~ 임기응변(臨機應變)이 무슨 뜻이야?"
"무슨 일이든지 재빨리 대처하는 것을 말해~"
"오~"
"그런데 임기응변으로 끝나면 일을 망치는 경우도 있어~"
"?"

······················································

임기응변은 임시방편입니다
따라서 나중에 뒤처리를 반드시 요하게 됩니다
뒤처리를 하지 않을 경우 꺼진 불이 다시 살아나듯이 낭패를 겪을 수 있습니다

\# 임기응변을 잘하는 사람들로만 조직을 구성한다면 장기적인 관점에서 실패할 가능성이 높습니다
　사후관리가 잘 되지 못해 그렇습니다
　이것은 마치 창문을 열어 놓고 난방을 하는 경우도 같습니다

**임기응변(臨機應變) : 그때그때 처한 뜻밖의 일을 재빨리 그 자리에서 알맞게 대처(對處)하는 일**

## 다 잘할 수는 없다 그러나 못 할 일도 없는 것이다

"아빠!~ 나는 커서 모든 일을 잘하도록 할 거야~"
"왜?"
"모든 일을 척척하면 멋있잖아~"
"그런데 모든 일을 다 잘할 수는 없어~"
"?"
"한 가지를 잘하면 다른 것을 잘할 수 없거든~"
"…."

· · · · · · · · · · · · · · · · · · · · · · · · · · · · · · · · · · · · · · · · · · · · ·

모든 일을 다 잘할 수는 없습니다
아니, 다 잘할 필요도 없습니다
혼자서 다 잘하려는 것은 욕심입니다
다 잘해서 권위를 내세우려는 뜻도 담겨 있습니다
그러나 혼자서 사는 세상이 아니기에 나머지는 다른 이에게 맡겨 두는 것이 좋습니다

# 어려서 다재다능(多才多能)하다는 소리를 들은 아이가 커서 너무나도 평범해진 경우를 많이 봅니다
 선택의 폭이 넓어서 오히려 선택에 방해가 된 것입니다
 그러므로 평범해진 것은 너무나도 당연한 결과입니다
 사람은 모자라면 채우려고 하는 노력을 하지만, 넘쳐나면 즐길 뿐 노력하지 않는 경우가 많습니다

# 얼음은 정으로 깨는 것이 아니라 바늘로 깨야 한다

"아빠~ 힘세면 뭐든지 다 잘할 수 있지?"
"할 수는 있는데, 너무 믿지는 마라~"
"왜?"
"힘이 세면 그것이 자신의 무기가 되어서 그것밖에 사용할 줄 모르게 되거든~"
"…."

· · · · · · · · · · · · · · · · · · · · · · · · · · · · · · · · · · · · · · · · · · · · · · · · ·

힘이 세면 힘에만 의존하는 경향이 있습니다
그래서 모든 일을 힘으로 해결하려고 합니다
때로는 힘이 아닌 작은 마음 하나로도 문제를 해결할 수 있는데도 말이죠~
힘으로만 해결하면 후유증이 남습니다
바로 원망과 반발이라는 것이 그것입니다


\# 옛말에 닭 잡는 데 소 잡는 칼을 쓴다는 말이 있습니다
   닭 잡는 데는 작은 칼이면 되는데 쓸데없이 큰 칼을 사용하는 아둔함을 비꼬는 말입니다
   힘과 지혜를 적절하게 사용하는 판단이 중요합니다

## 삶은 99%의 노력과 1%의 운으로 이뤄질까?

그렇지 않다

단지 그런 사람이 있을 뿐~

삶은 1%~99%의 노력을 기울였던 사람들에게 99%~1%의 운이 깃들었던
경우로 이뤄지는 것이다

즉 어떤 이는 1%의 노력과 99%의 운으로
만들어지는 경우도 있는 것이다

## 책은 쌓아두고 보는 게 아니라 보고 나서 쌓아 두는 것이다

"아빠~ 친구 집에 갔더니 책이 너무 많아 부러워~"

"그 많은 책을 모두 읽었대?"

"아니~"

"…"

· · · · · · · · · · · · · · · · · · · · · · · · · · · · · · · · · · · · · · · · · · ·

책을 책장에 진열해 놓고 만족하는 사람이 있습니다

하루 종일 책장을 정리하고 먼지를 털고 합니다

그런데 책을 사는 이유는 머릿속의 먼지를 털어내기 위함입니다

\# 책은 한 번 읽어서는 그 내용을 알기 어렵고 활용하기에는 기억이 나질 않습니다

그래서 여러 번 읽어야 합니다

그런데도 한 번만 읽고 진열해 놓습니다

그러나 읽지도 않고 진열해 놓는 것보다는 나은 듯합니다

옷은 추위와 부끄러움을 피하기 위해 입습니다

그러나 요즘은 남에게 뽐내기 위해 입습니다

책도 그러한 경향을 닮아가는 것일까요?

# 젊어서 머리가 비는 것은 늙어서 지갑이 비는 것과 같다

"아빠~ 노인이 되면 무엇이 가장 중요해?"
"사람은 나이가 들면 인격이 가장 중요한 것이 되는 거야~"
"그럼 돈은 없어도 돼?"
"…."

・・・・・・・・・・・・・・・・・・・・・・・・・・・・・・・・・・・・・・・・・・・・・・

실제 지갑이 비는 경우 행동반경이 작아지고 몸이 움츠러듭니다
돈이 없는데도 당당하게 행동할 수 있다는 것은 신기에 가까운
일일 겁니다

\# 중요한 건 돈이 아니지만, 돈은 사람을 비굴하게 또는 당당하게 만들 줄 압니다
　어려서 학문을 등한시해도 당당할 수 있습니다
　그러나 그런 경우는 아주 드문 일일 겁니다
　봄이 되면 싹이 돋고 여름이면 꽃이 피고, 가을이면 열매를 맺고, 겨울이면 봄을 기
　다리듯이 사람은 때에 맞춰 준비를 해야 합니다

## 중력

중력은 잡아당기는 힘이 아니다
공간이 휘어졌기 때문에 그 길을
따라 움직이는 것이다

길을 만들어주면 잡아당기는 것과
같은 힘을 느끼는 것이다

역시 길을 만들어주면
빠르게 진행한다는 것인데
이는 자녀교육도 마찬가지다

국민계몽 또한 당기지 말고 길을
만들어주는 지혜가 필요하다

길을 만들어주는 자가 진정한
영웅이다

# 물은 흐름이 느려질수록 더러워진다

"아빠~ 흐르는 물은 먼저 가는 것을 두고 싸우지 않는대~"
"어차피 흘러갈 테니까 굳이 선두를 차지하려고 싸울 필요가 없지~"
"그럼 흐르지 않는 물은 싸워?"
"흐르지 않고 고인 물은 썩게 되지"
"그럼 적당히 흐르면 되겠네~"
"…"

· · · · · · · · · · · · · · · · · · · · · · · · · · · · · · · · · · · · · · · · · · ·

성장하는 사람은 굳이 남과 경쟁하지 않습니다
시간이 지나면 커간다는 걸 잘 알기 때문입니다
그러므로 미래가 두려운 사람들이 경쟁하는 법입니다
금방 태어난 아이를 보고 누가 먼저 걷느냐를 두고 경쟁하는 것은 어리석은 행동입니다
모두 다 때가 되면 잘 걷기 때문입니다
그리고 먼저 걸었다고 경보선수가 되지는 않습니다

\# 자신 있는 사람은 굳이 남과 경쟁을 통해 자신을 발전시키지 않습니다
　오로지 자신의 길만 갈 뿐입니다
　그렇게 흔들림 없이 정진해야 더 빨리 갈 수 있다는 것을 잘 아는 사람이기 때문입니다
　그리고 묻힌 보석은 언젠가는 빛을 발하게 됩니다
　다만 시간이 너무 흘러 문화재로 파헤쳐지지 않기를 바라면서~

# 一
# 구라

흔히 친구 간에

'구라치지 마'라든가
'구라가 대단해'
'그 녀석 구라는 알아주지~'

라는 말을 하곤 한다

구라는
거짓말을 한다 또는 말주변이 좋아 설레발친다
라는 뜻이다

그런데 구라는 우리 말일까?

구라는

くらます[暗ます・晦ます] (쿠라마스)

에서 유래된 일본어다

상대방을 속이거나 감추는 것을 말한다
노름을 하면서 상대방에게 패를 감추거나
다른 패를 가진 것처럼 속이는 것을 말하는 것이다

좋은 뜻은 아님이 분명하나
흔히 스포츠에서 일반적으로 행해지는 속이는
행위와 비슷하다

야구의 예를 들어보자면
타자를 속이는 투수의 투구(볼 배합, 모션 등)
포수의 타자를 속이는 행동
타자의 번트 자세로 속이는 행동,
주자의 도루 속임수,
코치진의 히트 앤드 런 작전지시 등…

이러한 속임수는
탁구나 테니스, 배구, 농구, 복싱, 씨름 등에서도
다양하게 일어난다

그러나
스포츠에서 일반화되었다고 해서
속임수가
긍정적으로 평가받아선 안 된다

그리고 노름도 스포츠의 일종이라면서
개연화시키는 것도 무리가 있어 보인다

사람을 속이는 것은 물건을 훔치는 것과는
달리 인간의 영혼을 훔치고(빼앗고)
영혼을 멍들게 하는
아주 질이 나쁜 파렴치한 짓이기 때문이다

올해부터는 사기 치는 일과 사기당하는 일이
없길 바란다
그러나 작정하고 사기 치는 사람을 이겨내기
어려우니
좋은 친구를 옆에 두는 것이 현명한 대처가
아닐까 생각해 본다

## 사람은 키보다는 기(氣)로 싸우는 법이다

"아빠~ 저 작은 사람이 큰 사람을 이겼어~"
"대단하네~"
"왜 큰 사람이 작은 사람에게 져?"
"너무 얕보고 덤벼서 그런 것 아닐까?"
"그렇다고 질 정도야?"
"그럼~"
"…"

· · · · · · · · · · · · · · · · · · · · · · · · · · · · · · · · · · · · · · · · · ·

역사를 보면 위대한 영웅은 적은 수의 군대로 몇 배가 많은 상대방과 겨뤄서 승리를 하는 경우를 많이 보게 됩니다
그리고 이러한 승리는 반드시 그를 영웅으로 만들고 나라를 통일하고 거대한 지역을 평정하여 패자(覇者)로 남게 됩니다

# 사람은 키로 싸우는 것이 아닙니다
　기로 싸우는 것입니다
　따라서 키는 크되 기가 없다면 백전백패할 것입니다
　그리고 적은 군대라 약한 것이 아닙니다
　군기가 서고 용기가 있다면 중과부적은 있을 수 없습니다
　오히려 많은 수의 군대가 경계를 늦추고 힘으로만 밀어붙이다가 낭패를 겪는 경우는 허다합니다
　바로 상대방을 무시했기 때문입니다

## 충고의 미학

금강석은 보석이 되기까지
수없이 많고 정밀한 작업을 통해
쪼개지고 잘리고 깎여진다

그런 과정을 거쳐야
비로소
윗면은 33개,
아랫면은 25개로 만들어져
찬란한 보석으로 성장하게 되는 것이다

그러므로
비록 원석이 보석이 될 자격은 있으나,
이러한 과정 없이는 결단코 보석이 될 수는 없다

그러나 이러한 어려운 과정을 겪을 수
있고 선택받을 수 있는 것 또한 원석뿐이니
반드시 참고 견뎌야 한다

마치 충고와 조언을 통해 훌륭한
성인으로 성장하듯이
원석 또한 그러한 과정을 밟는 것이다

그런데 재미있는 것은 원석을
쪼개고 자르고 깎아낼 수 있는 것은
세상에
오직
원석뿐이라는 것이다

원석이 아닌 것으로 하는 것은 애초부터
불가능하거나
무의미한 행동에 지나지 않는다

그러므로
충고와 조언 또한 자격이 갖추지 못했을 때
하게 되면
공허한 메아리가 됨을 기억하자

그래서
함부로 섣불리 충고할 일이 아닌 것이다

# 아들아, 딸들아 보아라~

어려움이 닥쳤다고 실망하지 마라
그리고 특히 시험에 망쳤다고 그러진 마라
실수는 한순간이기 때문이다

내 경험상 사람의 머리는 계속 발전한다
대학생보다도 직장인 때 더 똑똑해지고
40대보다 50대가 더 현명해진다

20살까지의 삶이 미래를 좌우하지도 않고
그때까지의 머리가 아무런 노력 없이 계속 유지되거나
발전하지도 않는다
(세상이 힘든 건 고교 이후 대학의 삶이 최고라고 말해서
일지도 모른다 그래서 고교 이후 아무것도 안 하는 것이다)

대학을 가기 위한 공부는 고교 때 끝났을지 몰라도
인생에 있어서 공부는 아직 끝나지 않았다
아니 시작이라고 해야 맞는 표현이다
고교까지의 노력이 아마추어라면 대학 이후
그리고 어른이 된 이후의 노력은 프로를 만든다

대기만성은 늦게 성공하는 삶을 칭송한 것이
아니라 조기에 너무 많이 알아 노력하지 않는 삶을
경계하기 위함이다

어려서 배우는 것은 어른이 배우는 것에 비하면
아무것도 아니기 때문이다

그러나 알면서 실수하는 것은 최대의 오류이지만
몰라서 실수한 것은 만회할 기회가 있으니
너무 실망할 필요는 없다

다만 같은 실수를 하지 말고
실수에서 교훈을 얻어야 한다
그리고 이러한 다양한 경험이 너를 만든다는 것을
기억해야 한다

세상에서 언제나 아들과 딸들을 제일 사랑하지만
원하지 않는 어려움 속에서도 잘하길 바라는 아빠가~